传统体育文化的传承发展与实证研究

卫 微 著

中国纺织出版社有限公司

图书在版编目（CIP）数据

传统体育文化的传承发展与实证研究 / 卫微著 . --
北京：中国纺织出版社有限公司, 2023.8
ISBN 978-7-5229-0921-9

Ⅰ.①传…　Ⅱ.①卫…　Ⅲ.①民族形式体育—体育文
化—研究—中国　Ⅳ.①G852.9

中国国家版本馆 CIP 数据核字（2023）第 167224 号

责任编辑：茹怡珊　责任校对：高　涵　责任印制：储志伟

中国纺织出版社有限公司出版发行
地址：北京市朝阳区百子湾东里 A407 号楼　邮政编码：100124
销售电话：010—67004422　传真：010—87155801
http://www.c-textilep.com
中国纺织出版社天猫旗舰店
官方微博 http://weibo.com/2119887771
河北延风印务有限公司印刷　各地新华书店经销
2023 年 8 月第 1 版第 1 次印刷
开本：787×1092　1/16　印张：6.75
字数：140 千字　定价：98.00 元

凡购本书，如有缺页、倒页、脱页，由本社图书营销中心调换

前　言

　　传统体育文化是中华民族文化遗产的重要组成部分，它是一种综合性的文化体系，包括体育项目、运动习俗、文化传统等多个方面。在传统体育文化中，体育文化又可从物质、制度、精神三个层次进行考察。在物质层面，传统体育文化包括各种传统竞技项目所使用的器材、器具、场地等。这些物质因素是传统体育文化得以实现的必要条件，也是体现传统体育文化特点和风格的重要标志。在制度层面，传统体育文化包括传统竞技项目的规则、赛制、等级制度等。这些制度因素是传统体育文化运作的基础和保障，也是体现传统体育文化规范性和秩序性的重要因素。在精神层面，传统体育文化包括传统竞技项目所代表的文化内涵、精神追求、价值取向等。这些精神因素是传统体育文化的灵魂和核心，也是体现传统体育文化特色和魅力的重要因素。

　　然而，随着现代化的进程和西方文化的影响，传统体育文化面临日益严重的危机。传统体育文化的传承发展成了当前亟需解决的问题。因此，对传统体育文化的传承发展进行实证研究，对于保护和传承中国传统文化，提高人民身体素质和文化自信心，具有重要的意义和价值。

　　本次实证研究旨在深入探讨传统体育文化的传承与发展现状，分析传统体育文化传承发展面临的现实问题，并提出相应的对策和建议。本书采用多种研究方法，包括文献资料调查、实地调查、专家访谈、数据统计等，以全面深入地了解传统体育文化的传承发展状况。

　　通过本次实证研究，我们希望能够促进传统体育文化的传承发展，推动传统体育文化与现代体育相结合，丰富人民文化生活，增强文化自信心，提高人民身体素质。

卫　微

2023 年 3 月

目　录

第一章　导论

第一节　研究背景

文化自信是一个民族最基础、最深沉的力量。传统体育是现代体育的根脉，是人民群众愉悦心性、交流情感、健体强身的生动形式，是呈现社会递进、展现历史自信、体现文化实力的重要平台。

在当今社会，传统体育文化受到了前所未有的冲击和挑战。一方面，随着城市化、现代化进程的加速，城市居民的生活方式和消费习惯发生了很大的变化，一些传统体育项目逐渐被遗忘或淡化，其传承面临严峻的挑战。另一方面，随着新兴体育项目的不断涌现，一些传统体育文化在现代体育市场中的地位受到了影响，有些甚至被替代。

同时，传统体育文化也受到了文化多元化和全球化的影响。在全球化的进程中，传统体育文化不断面临其他国家和地区体育文化的冲击和竞争，而在一些国际大型体育赛事中，传统体育文化往往处于较为弱势的地位。此外，传统体育文化的传承和发展也面临一些制度、政策、人才等方面的问题。

因此，传统体育文化的传承发展与实证研究具有重要的理论和实践意义。一方面，通过深入研究传统体育文化的内涵、特点、属性等方面，可以更好地认识和了解传统体育文化，为推动传统体育文化的传承和发展提供有力的理论和实践支持。另一方面，通过实证研究传统体育文化的现状和问题，可以为完善保护措施、推动创新发展、加强国际交流等方面提供有益的借鉴和指导。同时，对传统体育文化的研究也可以促进体育文化与社会、经济、政治等各个方面的交流和融合，提高传统体育文化的现代化和国际化水平。

第二节 研究综述

在历史发展的不同阶段或差别化的社会文化环境里，体育概念和体育内容的解读版本各异。直观地理解，"传统体育文化"虽然不能将"传统""体育""文化"简单累加，但应是去除任何二者的交集部分的三者之和。它可以被认为"（传统＋体育）＋文化"，或者可以被看作"文化＋（体育传统＋传统体育）"，也可以被理解为"传统文化＋传统体育＋体育文化"，换言之，它是传统体育的文化特征，是传统文化中涉及体育成分内容的部分。

我国学者对中华传统体育文化民族性、绵延性、教化性和自洽性特征情有独钟，与此同时，有感于传统体育文化动能减弱、影响式微、张力降低等低迷现状，大声疾呼加大对我国传统体育文化保护传承的关注和投入。周伟良在《中华民族传统体育概论高级教程》中对"传统体育"的概念作出如下解构：传统体育由"传统"和"体育"两层含义组成，"传统"意味着所及类型的体育项目具有代代相传的历史继承性和延续性，意味着其生成和湮灭于一定的历史发展阶段和特定的传统文化背景，传统就是其传统文化的重要组成部分。

方圆在《传统体育文化的特征研究》一文中，将"民族传统体育文化"表述为"以民族传统体育为载体，体现各民族教育智慧和体育联系实践能力的总和。民族传统文化具有独立性、连续性、泛道德性"。

宋证远在《从文化学视角谈传统体育文化的发展》中提出，传统体育文化是民族文化的精髓部分。大多数民族体育文化具有满足人们多种价值需要，对促进身体健康、塑造完美人格、培育勇敢意志、树立诚信品质、强化合作意识、融合民族感情具有非常重要的价值。

杨彩虹在《中华传统体育文化精髓与文化自信研究》中，把"体育文化"界定为"围绕体育运动产生的所有行为文化和精神文化的总和"，中国传统体育运动项目滥觞之初便"突出了修身养性、顺应自然"。

张宏哲所著《中国传统体育文化的现代价值研究》申明，"作为中国传统文化重要组成部分的中国传统体育文化，是华夏文明的智慧所在"，论述了"中国传统体育文化与中国传统文化的历史统一性"。

田祖国在《民族传统体育文化现代变迁与发展研究》中指出，以传统农业社会为背景的中华传统体育文化在塑造精神品质、规范社会行为和加强民族团结的社会实践中作用巨大。

朱亚成在《文化自信视域下中华民族传统体育文化传承研究》中提出，"中华民族传统体育文化传承的内在条件是体育文化的连续性和完整性",并深为"现代竞技体育项目冲击挤压传统体育生存空间、本土传统体育项目发展状况不尽如人意"的形势而忧虑,倡议"坚定文化自信,更加理性和自觉地发展优秀传统体育文化"。

张强在《新发展理念:中华民族传统体育文化的出路》一文中,分析了现代化进程中传统体育文化面临的"目标模糊、动力减弱、传承艰难、联动性低"等诸多难题,呼吁"运用新发展理念摆脱传承发展困境",倡导"传统体育应当在实现体育强国梦想当中做出全新贡献"。

也有国内研究者运用层次理论、教育理论等展开传统体育文化研究。饶平的《中国民族传统体育文化生态研究》,剖析了民族传统体育文化的生态结构"四个要素"的相互关系,认为"居于核心位置、起主导推动作用的民族传统体育文化,渐次对组织层次、活动层次、环境层次等其他三个要素发生由内向外的约束、规范作用"。

还有研究者对教育推广传统体育文化进行了一定程度的探讨,例如何涛著文研究"新时代民族传统体育文化的精神价值在学校教育中的融合"问题,重点论证传统体育文化的精神价值对帮助青少年树立正确人格观念、培育健康人格以及继承和发展民族传统体育的现实意义。

李莹在《论发展民族传统体育提升文化自信的价值和策略》中指出,中国的民族传统体育文化体现了辩证统一哲学观,涵盖了对宇宙万物对立统一的总认识,主张应当提炼中国民族传统体育文化中的竞技因素,充分展现民族传统体育的"决斗风范"。

更有部分研究者视野开阔,突破了传承保护振兴我国传统体育文化的固定思维范式,将中华传统体育文化研究的着眼点置于外向型发展的高度,赋予民族传统体育新的担当使命。例如,田野在《改革开放以来中国体育文化成就与发展战略中》中认证了发展体育文化的深刻意义,特别指出"体育文化是促进中国文化对外传播的重要渠道",建议各方力量"立足新方位、新征程,推动体育文化'走出去'"。

韩衍金在《中华民族传统体育文化"走出去"的核心要素与策略》一文中指出,"中华民族传统体育文化'走出去'的胆略和勇气,源自中国强大的经济和政治背景,'走出去'的传统体育文化要充分展示中华文化的核心竞争力,增添中国声音的叙事性。"

纵观国内外有关传统体育文化的研究资料,尽管切入角度各有侧重,但总体上认为传统体育文化就是传统体育和文化的结合,起源于人们的生产生活,充满浓郁的民族地方色彩,具有满足人们的健康、休闲、娱乐和审美等多种价值追求的特征。就研究深度而言,多数著述罗列现象、就事论事,在较为具体的操作层面或在某一方具体项目上着墨较浓,在对传统体育文化整体态势和发展趋势的系统化把握上缺少令人眼前一亮的独到观点。

第二章　传统体育文化的内涵和特点

第一节　传统体育文化的概念

传统体育文化是指在一定历史和文化背景下形成、积淀和传承的一种体育文化形态。它是人们在长期实践中形成的，具有民族性、地域性、时代性、主动性、余暇性等特征，是民族文化、体育文化和人类文化的重要组成部分。

在传统体育文化中，体育活动不仅仅是一种竞技性质的体育运动，还包括众多的民间传统体育活动和游戏，如踢毽子、跳绳、打陀螺、放风筝等。传统体育文化强调的是体育运动对人类精神、身体、社会文化的综合影响，而不仅是单纯的竞技胜负。这种文化在体现民族特色的同时，也有普遍性的价值和意义，是人们了解民族文化、传承民族文化、增强身心健康的重要途径之一。

一、传统体育文化的形成

传统体育文化的形成与各个民族、地区的历史、地理、民俗、信仰等诸多因素有关。在人类的生产生活中，人们往往需要通过运动来维持身体健康和生产力，同时体育活动也有丰富多彩的社会、文化和娱乐等功能，因此各个民族、地区都形成了自己独具特色的体育文化。

传统体育文化的形成还与信仰因素密切相关。例如中国武术、印度瑜伽、日本相扑等都有深厚的信仰背景，与当地的哲学、道德观念、信仰习俗等紧密相连。此外，传统体育文化的形成还与气候、地形等自然环境因素有关。例如，冰雪运动在北方地区发展较为兴盛，而水上运动则在沿海地区和岛屿上更加普及。

总的来说，传统体育文化的形成是历史、文化、社会、信仰、自然环境等多种因素综合作用的结果。它不仅是一种体育活动的形式，更是人们对自然、社会、文化等方面认识和理解的体现，是当地民族、地区特有的文化遗产和精神财富。

二、传统体育文化教育传承的目标定位

中华优秀传统体育文化的教育传承目标是对传承中华优秀传统体育文化的教育活动结果的预期和设计。传承中华优秀传统体育文化的教育活动既要有中西方体育文化教育的共性目标，也要有中华优秀传统体育文化教育的个性目标。共性目标是实现体育传承中华优秀传统文化的基本前提，个性目标则是中华优秀传统体育文化教育的根本任务。

（一）共性目标

中华优秀传统体育项目尽管具有鲜明的中华优秀传统文化特点，但仍然是以身体动作为主要呈现形式的，因而中华优秀传统体育项目进入校园应该首先具有"体育与健康"课程标准中提出的"发展运动能力""促进身心健康"的核心目标。

1. 使中国青少年增强运动能力和增长中华优秀传统体育文化知识

在体育课堂上进行中华优秀传统文化教育，不能仅凭说教和知识传输，而是要依托技术动作教学，使青少年学生内化中华优秀传统文化意涵，即在中华优秀传统体育项目的技术动作和身体运动教学过程中融入中华优秀传统文化教育元素。对于中华优秀传统体育文化教育而言，其首要目标就是使青少年学生练就中华优秀传统体育项目的运动技能，同时要学懂其中蕴含的文化内涵。前者无须赘言，因为体育课的首要意义就在于通过掌握运动技能来发展运动能力和形成体育锻炼习惯。而要加以重视的是，在中华优秀传统体育项目运动技能的教学中，体育教师应该着眼于运动能力的发展来传授运动技能，而不是为了达到运动技能标准而进行教学。对于后者即中华优秀传统体育文化知识的传承而言，则既应有概括性的、统领性的中华优秀传统体育文化知识介绍，例如，中华优秀传统体育项目的分类、特征、功能、文化内涵等，也应有中华优秀传统体育具体项目的理论知识的讲解，例如，中华优秀传统体育某一个项目的起源、发展流变、价值功能、文化内涵等。当前，在跆拳道、空手道等其他国家的体育项目风靡的情形下，我国一些学生对中华优秀传统体育文化的认知还比较模糊，甚至将中国武术同跆拳道等其他国家的对抗性运动项目混淆起来。这就使增长中华优秀传统体育文化知识这一目标的实现显得更为迫切。

2. 促进中国青少年身心健康

中国青少年身心健康和体魄强健是国家繁荣、社会发展的重要标志，是实现中华民族伟大复兴中国梦的重要基础。中共中央就曾明确要求：强化体育课和课外锻炼，促进青少年身心健康、体魄强健。国家体育总局和教育部等多部门也曾为了提高我国青少年学生身体素质水平而联合颁布了《青少年体育活动促进计划》（以下简称《计划》）。《计划》提出：鼓励各地举办武术、太极拳、健身气功、民族式摔跤、赛马、龙舟等项目的青少年比赛、交流、展示等活动，发展具有民族特色的传统体育项目。《计划》既反映了提升青少年身体素质的重要性和紧迫性，也体现了国家对于民族传统体育促进青少年体质健康价值的高度肯定和殷切希望。民族传统体育是一种以身体活动为载体的文化形式，促进学生身

心健康是传统体育文化教育最核心的目标之一，是传统体育文化教育区别于一般传统文化教育的显著特征。

（二）个性目标

中华优秀传统体育文化中蕴含着中国人民的一些共同价值观，中华优秀传统体育文化教育不仅要有身体教育目标，还应担负培育青少年的民族精神、增强青少年的文化自信的时代使命。

1. 培育中国青少年的民族精神

民族精神是指一个国家的人民在长期的共同社会实践中形成的，为大多数人所认同的价值观、思想观念、道德规范、精神品质的总和。在文化多元化的当今世界，民族精神是一个国家赖以存续和发展的精神纽带、思想支撑和文化灵魂。中华优秀传统文化蕴含着中华民族的思想智慧、价值观和精神特质。实现中华民族伟大复兴中国梦，要从中华优秀传统文化中汲取营养和智慧，延续文化基因，萃取思想精华，展现精神魅力。弘扬和培育民族精神是中华优秀传统文化教育的价值体现和使命担当。中华优秀传统体育文化教育在弘扬和培育民族精神方面更应"一马当先"，一些民族传统体育项目因具有身心互动、精神塑造功能而成为培育青少年民族精神的首要选择。

2. 增强中国青少年的文化自信

文化自信是一个国家的人民对其历史文化的自觉、认同、传承和创新，既是民族自信心和民族凝聚力的源泉，也是国家文化软实力的根基。继《关于实施中华优秀传统文化传承发展工程的意见》中提出"进一步增强文化自觉和文化自信"的明确要求之后，中共十九大报告中再次强调：没有高度的文化自信，没有文化的繁荣兴盛，就没有中华民族伟大复兴。而中国青少年是中华民族伟大复兴的希望，中国青少年对中华优秀传统文化的认知、态度及信念，不仅关乎中华优秀传统文化的赓续传承，而且关乎中华民族伟大复兴中国梦的实现。增强中国青少年的文化自觉和文化自信是落实中华优秀传统文化传承的必然要求。

作为一种以身体实践表达民族记忆的重要文化形式，中华优秀传统体育文化在增强民族凝聚力与民族向心力，增强中国青少年文化自信方面具有突出优势。将散发着浓厚乡土气息的中华优秀传统体育文化融入学校教育活动中，使青少年学生在心灵与情感上受到洗涤与熏陶，潜移默化地将民族情感与家国情怀相互连接，进而能"自然"且"自发"地产生对家乡的眷顾、对中华民族和祖国的归属感。因此，传承中华优秀传统体育文化深远的、长久的目标应着眼于培养民族精神与增强文化自信，唯有如此，才能实现增强中国青少年文化自信这一个性目标。

三、优秀传统体育文化教育传承的内容选择与分类

课程教学内容的选择既关系到中华优秀传统文化传承发展的方向，也影响着中华优秀

传统文化教育的效果。中华优秀传统体育文化内容丰富、形式多样。据统计，我国的民族传统体育项目有977项，其中有676项少数民族体育项目。为了实现中华优秀传统体育文化教育传承的目标，有必要对进入校园的民族传统体育项目进行甄选和分类。

（一）武艺类传统体育项目

武艺类传统体育项目是指具有攻防对抗性的民族传统体育项目，主要包括传统武术、竞技武术和具有文明对抗形式的推手、长兵、剑艺（短兵）、摔跤等。武艺项目内容丰富、种类繁多。从现代运动训练学角度来看，武艺是一个项目群概念。根据不同的分类方法，可将这个项目群分为不同的子项目。为了适应学校武术教学实践的需要，依据习练内容将武艺类传统体育项目分为传统武术、竞技武术和文明对抗武术（见表2-1）。

表2-1　武艺类传统体育项目内容体系

一级分类	二级分类	三级分类
传统武术	内家拳	太极拳、形意拳、八卦掌等
	外家拳	少林拳、八极拳、长拳、南拳、翻子拳、鹰爪拳、螳螂拳、醉拳、猴拳等
竞技武术	套路运动	拳术套路、器械套路、对练套路、集体套路等
	功法运动	石锁、水上漂、长干较力、桩上徒搏等
	散打运动	—
文明对抗武术	—	推手、长兵、短兵（剑艺）、中国式摔跤等

1. 传统武术

传统武术是指"以中华传统文化为理论依据，以拳种为存在形态，以套路、功法、散手为主要身体活动内容，以单势、拆招、功法、格斗对抗等为训练方式，以提高技击水平为宗旨，以技进乎道为最高价值追求的武技、武道修炼体系"。

2. 竞技武术

竞技武术则是指由传统武术中的套路、散手、功法等改造而来的套路、散打、功法等竞技体育项目。

3. 文明对抗武术

文明对抗武术是对传统武术中的短兵、长兵、推手等武技以及民族传统体育中的摔跤进行改造，使之成为具有对抗性、安全性、文明性等符合当代体育项目发展要求的运动项目。当然，强调对抗性绝非提倡斗殴，也绝非要回归血腥残酷；倡导文明性也不是摒弃"打"，而是在"如何打"的基础上，展现格斗中的人类智慧和技艺。

武艺类传统体育项目不仅具有悠久的历史和深厚的文化底蕴，而且具有独特的道德教化作用，并且只有安全文明的技击对抗形式，才既符合促进青少年身心健康的要求，又利于培育民族精神。

当前，许多人对武术的认识还停留在武术套路层面，学校武术教学内容也往往仅限于武术套路习练。其原因在于，对传统武术拳种的认识仅局限于套路运动形式，且只肯定其健身功能，否认其具有技击性。各级学校开展了几十年的武术教学，而教学内容至今没有形成清晰的技术体系。实际上，中华武术是一种武技、武道修炼方式，具有一套周密的技术体系和修炼程序，主要是通过功法、套路、对抗等运动形式逐步形成技击能力的修炼过程。武术的健身、表演、教育等衍生价值均有赖于其技击功能。

因此，要通过武术教学达到弘扬中华优秀传统文化、培育民族精神的目的，就不能仅练习武术套路。基于当前学校武术教学的实际问题和中华优秀传统体育文化教育传承的目标与任务，武艺类传统体育项目的教育传承要结合"立足单势、强调技击、突出对抗、培育精神"的教学理念，推动推手等具有安全文明性、攻防技击性、寓教于乐性、易学易练性特质的文明对抗武术项目进校园，构建符合青少年身心健康发展要求和武术教育传承规律的教学内容和教学方法体系。

（二）游艺类传统体育项目

游艺类传统体育项目是指以愉悦身心为主要目的，可在陆地、冰、雪、水等场地开展的游戏类、娱乐类民族传统体育项目，例如：赛马、水上运动、冰雪运动、球类运动等。游艺类传统体育项目是中华优秀传统体育文化的重要组成部分。其不仅形式多样、各具特色，且蕴含深厚的文化内涵，具有独特的精神追求和价值理念，对于培育青少年的民族精神、增强青少年的文化自信、培养青少年的体育品德具有独特的教育价值。依据运动场地将游艺类传统体育项目分为陆地项目和水上项目两大类（见表 2-2）。

表 2-2　游艺类传统体育项目内容体系

一级分类	二级分类	三级分类
陆地项目	跑跳投类	火把、板鞋、跳板、跳马、投沙袋、掷石、丢花包等
	球类	木球、珍珠球、叉草球、蹴球、毽球、柔力球（新兴项目）、柔一球（新兴项目）等
	游戏类	秋千、跳皮筋、踢毽子、跳房子、跳绳、斗鸡、打手毽等
	民俗类	舞龙、舞狮、抖空竹、风筝、打陀螺、腰鼓、秧歌、高跷、中华舞龙（新兴项目）等
水上项目	竞速类	龙舟竞渡、划竹排、竞皮筏等
	技巧类	垂钓、弄潮、水秋千等

近年来，在我国弘扬中华优秀传统文化的背景下，民族传统体育项目在中小学得到较为广泛的普及，一些游艺类传统体育项目进入了学校体育课堂。然而，青少年学生对现代体育运动项目的学习兴趣远浓于对民族民间传统体育项目的学习兴趣。为了使民族传统体育项目相较西方现代体育运动项目更具有吸引力，在传承中华优秀传统文化体育项目的教学内容中，就不能只涉及固有的游艺类传统体育项目，还应选入一些新兴的游艺类传统体育项目；可通过对中华优秀传统体育项目的内容与形式的创新，使民族传统体育项目更加贴近青少年学生的日常生活，以"润物细无声"的方式进行中华优秀传统文化的渗入式教育。

当今，有代表性且开展较好的游艺类新兴中华优秀传统体育项目有中华武龙、柔力球、柔一球等。其中，柔一球是由华东师范大学杨建营教授于 2019 年发明的，以弧形引化为技术核心，以单人、双人、三人进行隔网对抗比赛的，富有中华优秀传统文化内涵的大球类运动项目。该运动项目能直观地体现中国古代的一些哲学思想，是参与者体验中华优秀传统文化的一种有效手段。

（三）养生类传统体育项目

养生类传统体育项目是以调养身心为目的，可在自然环境或模拟自然环境下开展的民族传统体育项目，包括传统导引养生术及在此基础上创编而形成的一系列健身气功（见表2-3）。

表2-3　养生类传统体育项目内容体系

一级分类	二级分类
传统导引术	五禽戏、八段锦、易筋经、六字诀、舒心平血功、益气养肺功、舒筋壮骨功等
健身气功	健身气功·五禽戏、健身气功·八段锦、健身气功·易筋经、健身气功·太极养生杖、健身气功·大舞、健身气功·明目功（青少版）、校园五禽戏（小学版、初中版、高中版）等

传统导引养生术也称导引术，是中国古代人为祛病保健、增强体质、延年益寿而创编的各种身体活动方法，例如：五禽戏、八段锦、易筋经、六字诀、马王堆导引术等。作为在中华优秀传统文化滋养下形成的养生文化，养生类传统体育项目无论在思想理念上还是在运动形式上，都体现了中国古代人鲜明的"自然观""阴阳观""仁爱观"，其中蕴含的博大精深的文化内涵，能激发中国现代人的文化自信和民族自豪感，对增强中国当代青少年的文化自信具有重要意义。健身气功是国家体育总局健身气功管理中心组织专家在吸收传统导引养生术不同流派优点的基础上，整理创编而成的系列健身功法。可见，养生类传统体育项目不仅历史悠久、文化底蕴深厚、独具特色，而且与时俱进，是中华优秀传统体育文化教育中不可多得的教材资源。

尽管养生类传统体育项目具有多方面的教育价值，但是这些传统体育项目在"进校园"方面也面临一些挑战。基于此，养生类传统体育项目"进校园"要解决3个方面的问题：一是转变观念，正确认识养生类传统体育项目的本质特点和价值功能。养生类传统体育项目虽然缺乏武艺类传统体育项目的激烈对抗性和游艺类传统体育项目的娱乐性，但是在祛病保健、增强体质、运动康复、文化传承等方面能发挥重要作用。二是改换教育路径，开展多样化的课程教学。养生类传统体育项目既可以作为"体育与健康"课程的独立教学单元或教学模块，也可以单独作为选修课程，开设"中华传统养生保健"课程。三是对养生类传统体育项目进行一定程度的改编，使之更加符合青少年身心发展的特点和运动项目学习需求。

第二节　传统体育文化的内涵

传统体育文化是指历史、文化和地域背景下形成的、代代相传的、具有民族特色的体育文化。其内涵包括物质、制度、精神三个层面。

一、物质层面

传统体育文化的物质层面所涉及的物质文化，是指凝聚了一个民族精神文化的生产活动与物化产品的总和。在传统体育文化中，物质文化表现为各种器械、器具、场地、装备等物质资料，这些物质资料反映了不同民族、地区、历史时期的文化差异和特点，是传统体育文化不可或缺的重要组成部分。在不同国家和地区，传统体育文化的物质层面所涉及的物质文化有不同的特点和表现形式。例如，中国传统武术的物质文化包括兵器、器械、服装、道具等；日本传统剑道的物质文化则包括刀、刀鞘、剑道服等。在西方，传统的骑士文化则体现在其物质文化中的铠甲、盾牌、长枪等装备上。

传统体育物质层面的文化内涵，一方面是对传统体育活动的实际需求的反映，另一方面也反映了当时的社会文化、技术水平等方面的现实情况。比如，传统武术的器械，如刀、剑、枪、棍等，体现了武术所涉及的具体实战需要，而且不同地区和不同时期的武术器械的形态和用法也存在差异，反映了地域、文化等多种因素的影响。此外，传统体育活动的物质层面还可以反映当时的审美观念、信仰等文化内涵，比如民间舞蹈中的服装、头饰、鞋子等，反映了民间审美观念和生活方式。

（一）运动器具

传统体育文化中的运动器具是体现传统文化特色的重要物质。传统体育文化中的运动器具是指在传统体育活动中使用的各种器具，如箭、弓、棒、球、拍等。这些器具既是运动员进行比赛和训练的工具，也是传统文化的重要组成部分。在中国传统文化中，许多运动器具都有悠久的历史，例如古代的弓箭、麻将等。这些运动器具不仅体现了传统文化的精髓，也承载着民族历史的记忆。

随着现代体育的发展，许多传统运动器具在设计、材料、制作工艺等方面得到了改进和升级。例如，传统的木质乒乓球拍被改进成了现代的塑料材质，让运动员可以更加轻松地掌控球拍；传统的弓箭也经过了改进，使用新材料和先进的制造技术，让弓箭更加精准、稳定。

总之，传统体育文化中的运动器具不仅具有实用功能，更是中华民族文化传承的重要载体。这些器具在现代体育中也得到了广泛的应用，成为世界体育文化宝库的重要组成部分。

（二）空间环境

传统体育文化中的空间环境是指各种传统体育活动所依托的空间和场所。这些空间和场所不仅是运动员进行比赛和训练的场所，也是传统文化的重要组成部分。在中国传统文化中，许多传统体育活动都有独特的场地和环境，例如武术训练场所、围棋室、羽毛球场等。

传统体育文化中的空间环境不仅具有实用功能，也反映了中国传统文化的特色和精神。例如，武术训练通常在宁静、幽深的环境中进行，反映了中国传统文化中注重"静"的特点；而围棋室则常常被设计成简约、雅致的风格，反映了中国文化中强调"礼"的传统。这些空间和场所成了传统文化的重要组成部分，也是民族文化传承的重要载体。

随着现代体育的发展，许多传统体育文化的场所和空间也得到了改进和升级。例如，羽毛球场在现代化建设过程中，引入了先进的地面材料和照明设施，让运动员可以更加舒适地进行比赛。总之，传统体育文化中的空间环境不仅具有文化内涵，也得到了现代化的改进和发展，成为现代体育发展的重要组成部分。

（三）饮食文化

传统体育文化和饮食文化都是一个国家或地区的文化遗产，两者之间有许多联系，也会相互影响。

首先，传统体育文化和饮食文化都是一种文化传承和发展的方式。在传统的体育文化和饮食文化中，有许多规矩和礼仪，这些规矩和礼仪的传承和发展，可以帮助人们更好地了解和传承自己的文化。

其次，传统体育文化和饮食文化都能够体现一个国家或地区的文化特色。在传统体育文化和饮食文化中有许多独特的元素，例如传统的武术、太极拳等运动，以及传统的烹饪技巧、食材等。这些独特的元素能够体现一个国家或地区的文化特色，也能够帮助人们更好地了解和认识这个国家或地区的文化。

最后，传统体育文化和饮食文化在某种程度上能相互促进。体育锻炼能够促进人们的身体健康，而饮食也是保持身体健康的重要影响因素。在一些传统文化中，例如中国文化，就有许多讲究健康饮食的习惯和理念，例如"饮食有节""五谷为养"等。这些习惯和理念能够帮助人们更好地保持身体健康，从而更好地参与体育活动。

（四）服装文化

传统体育文化中的服装通常与该文化的历史、风俗和民族传统相关。传统体育文化中的服装不仅具有实用性，还有很强的艺术价值和文化意义。

以下是一些传统体育文化中常见的服装：

武术服装：武术服装通常包括武术服、头盔、手套、护具等。武术服是传统的中国武术常见的服装，通常是黑色或白色的，有时还会加上一些亮丽的颜色和图案。

健身服装：传统的健身服装通常是宽松的，方便运动。例如传统的日本空手道服装，通常是白色的，有时也会配有蓝色、红色等颜色。

民间舞蹈服装：民间舞蹈服装通常非常华丽，有许多颜色和图案，用来展示舞蹈者的身体和动作。例如中国的蜀锦，是一种传统的中国织物，通常用于民间舞蹈服装。

民间竞技运动服装：在一些传统的民间竞技运动中，也有一些特殊的服装。例如中国的踢毽子，通常会穿着一些短衣短裤，方便活动身体，并且通常会穿一双软底鞋或拖鞋。

传统体育文化中的服装通常具有丰富的文化内涵，反映了该文化的历史、传统和风俗。在现代社会中，传统体育文化的服装也成为时尚和潮流的一部分，例如中国的太极服、日本的空手道服等，都成了流行的健身服装。

（五）节庆活动

传统体育文化和节庆活动之间有紧密的联系，它们互相促进、相互依存。在传统体育文化和节庆活动中，体育运动和活动是不可或缺的一部分。

一方面，传统体育文化是许多节庆活动的重要内容，例如中国的春节、端午节、中秋节等。在这些节日中，人们通常会举行一些传统的体育运动和活动，例如踩高跷、打毽子、燃放烟花等。这些传统的体育运动和活动不仅能够丰富节庆活动的内容，还能够加强人们的身体锻炼，提高人们的身体素质。

另一方面，节庆活动也能够促进传统体育文化的发展和传承。在一些传统的节庆活动中，人们会表演传统的武术、舞蹈等体育项目，这些项目能够吸引更多的人参与，并且能够传承和发展传统体育文化。

此外，传统体育文化和节庆活动之间还存在一些相似之处，例如它们都强调了身体的健康和锻炼，都有一定的文化内涵和价值观念。因此，传统体育文化和节庆活动之间的关系非常密切，它们互相促进、相互依存，是一个完整的文化系统中的不可分割的部分。

二、制度层面

制度文化是指一个民族或社会所共同遵循的、具有规范性和权威性的社会规范和习惯。在传统体育文化中，制度文化表现为传统体育活动的组织形式、比赛规则、仪式和礼仪等方面的传承和规范。传统体育文化的制度文化不仅是传统体育活动的外在表现形式，更是传统体育文化内核的重要组成部分，反映了一个民族或社会的价值观念、信仰和文化意识形态。传统体育文化的传承机制集中表现为驱动机制、实施机制、表达机制、保障机制和反馈机制 5 个层面。

（一）驱动机制

"驱动"，乃用动力推动、带动之意。从民族传统体育文化传承的角度来看，广大民众作为主体的民族传统体育文化传承发生之前，有一种多元且具有个体差异的主体需求来推动或带动其产生一系列的行为。

从互动仪式链理论的角度来看，任何个体在参与某种仪式性活动的时候，是出于获取情感能量的目的，而此处的情感能量即为驱动个体行为的要素。结合传统体育文化的传承来看，对于家族文化的尊重、对于信仰文化的遵从、个体娱乐休闲的需求、在竞技竞赛中取得优胜以及日常生活所需，是绝大多数民众参与本民族传统体育活动的主要驱动因素，也是广大民众期望获取的情感能量的体现。

概言之，族群成员个体在参与本民族传统体育的过程中，总是有一定的目的，正是这种动力促成了其参与的行为发生。可以说，各种因素共同形成了一种推动和驱动传统体育文化传承和发展的力量，民众的需求驱动了其传承传统体育文化的行为。

（二）实施机制

实施机制是基于传承过程的探查而确定的，具体而言，民族传统体育文化的传承何以进行，传承方式如何促进传承过程的实现，由"传"到"承"的过程中发挥作用的是哪些因素等。通过分析论证认为，民族传统体育文化的传承是围绕人和人之间的关系而进行的，毕竟文化的传承不能脱离人这一主要因素而发生。

具言之，作为一种身体活动的传统体育活动，是如何在族民之间传授和习得的？以身体活动为载体的传统体育文化，又是如何从身体活动这种表象升华为构成民族精神层面重要因素的内核的？以民族传统体育文化传承脉络的梳理为基础，结合其传承过程中形成的人际关系类型，确定了维系民族传统体育文化传承的实施机制。

（三）表达机制

表达机制是对传承过程的整体性考量，即传承的实施者、传承的具体内容、传承场域的性质、传承中信息传递的介质以及传承所依赖的环境等。表达机制以上述疑问为切入点来考察"传→承"的构成要素及相互关系。

传承的实施者是广大民众——传承主体，这一概念既包括"传者"，也包括"承者"，因为两者在一定条件下会发生角色互换。

民族传统体育文化的传承从根本上说是一种信息的传递，这种信息既传承内容，同时，不同类型的信息需要多种表达方式才能实现交流和传递，这些方式就是可以承载信息的传承介质。当然，"传→承"活动需要借助合适的实体场合，即传承场域。

"传→承"还受客观环境的影响和制约，即所谓的传承环境。

（四）保障机制

民族传统体育文化在传承过程中会受到多种不利因素的影响，但总体来看，大多数传统体育文化都经历了风风雨雨之后延传至今，在这一复杂过程中其保障作用的因素是什么，可以说这是一股与不利因素对抗的力量。基于此认为，诸多促进民族传统体育文化传承的因素共同形成了一种保障机制。从理论上讲，民族传统体育文化的传承要取得理想的传承效果，保障措施是不可或缺的。

（五）反馈机制

反馈机制是基于民族传统体育文化的传承过程中信息的完整传递、信息的丢失与保留、有效传承的评价以及新因素的加入和传统因素的舍弃等方面考虑的，研究认为，无论从理论层面还是现实层面，传承效果的反馈都是非常有必要的，因为反馈在一定程度上是对其他传承活动是否发挥作用的检验。因此，主要体现传承质量的反馈，应当是民族传统体育文化传承机制不可或缺的组成部分。

三、精神层面

传统体育文化的精神层面所涉及的精神文化包括体育精神、道德规范、信仰观念、审美观念等。在中国传统体育文化中，儒家思想、道家思想、佛家思想等都对传统体育文化产生了深远的影响。例如，儒家思想中注重仁爱、尊师重道的思想，对中国武术的传承和发展产生了重要影响；道家思想中强调天人合一、身心和谐的思想，对传统太极拳的形成和发展起到了重要作用。同时，在传统体育活动中，人们也会遵循一些道德规范，如尊重他人、公平竞争、勇于拼搏等，这些道德规范是传统体育文化的重要组成部分。

（一）体育精神

传统体育文化的精神层面中，体育精神是一个非常重要的方面。体育精神包括坚韧不拔、勇气、团结协作、自我超越等方面。在传统体育文化中，许多体育项目都强调这些体育精神，例如武术、柔道、跆拳道等。这些体育项目不仅能够提高人们的身体素质，还能够培养人们的体育精神和人格品质。

1. 对人格的塑造

中国的传统体育尽管不如奥运会的规模庞大，不过追求都是一致的，这是毋庸置疑的。像中国传统武术，不只是要练习武术，更要重视武德，这是非常关键的一点，武德讲究一个信字，即比武的双方必须是心胸宽广的人，绝对不可以做有损武德的事情。据此可以看出传统体育文化和现代体育精神的共同之处：都体现公平。两者在诉求上也存在一些相同之处，具体表现在塑造人格上。现代社会追求真善美，习惯用真善美去评价一个人。现代体育都是在观众的注视下举办的，我们所看到的结果就是运动员凭借自己的真本事赢得的，兴奋剂是绝对不会出现在赛场上的。我们更要重视比赛过程的公平性和合理性，运动员用尽自己的全力才是值得我们赞美的。比赛胜负不重要，重要的是在比赛过程中运动员不断地锤炼自己的内心，体会到比赛过程中的酸甜苦辣，勇于挑战自己，不存在懒惰的心理，努力拼搏和积极进取。现代体育精神还不断培养了运动员不言弃的拼搏精神，就算是失败无数次也不会放弃自己，而是坚持下去。人们在运动或者看比赛的时候，会被运动员的拼搏精神深深地吸引，这样可以塑造自己坚强、乐观的心态。另外，现代体育还塑造了美，体育项目中很多都是围绕美来进行的项目。例如花样滑冰和游泳，这些具有美的项目更多表现的是生命的激情，让人们可以尽情地发现美，拥有美好的心灵，这样可以更好地塑造人格魅力。

2.促进身体发展

在促进人身体发展方面，现代体育和传统体育有一些类似的效果。现在社会快速进步，使得很多年轻人和上班族都出现了一些身体疾病，很多老年疾病目前的患病年龄呈现出年轻化的趋势。而传统体育最重要的一点就是可以修身养性，中国的武术可以使用各种不同的训练方式，使我们身体的每一个部位都得到较好的锻炼，而且可以显著地改善人们的心肺功能，帮助身体的各项机能保持较好的状态，现代体育也是这样。不管是现代体育还是传统体育，都应该在环境优美、空气新鲜的地方开展活动，更多的人离开自己的工作岗位积极投身到训练场所，来到视野开阔并且空气新鲜的地方，人们自然而然就会放松上班的紧张心情，能呼吸到外边的新鲜空气，还能放松自己的眼睛。人们在锻炼自己肌肉的时候，身体的所有器官和细胞都在锻炼，始终朝着更好的方向行进，平时使用最多的大脑会在这个时候消耗大量的氧气，达到神清气爽的效果。这使体育教学和体育生活紧密联系起来，成为不可或缺的事情，就像医院中进行康复的病人一样，想要更快地恢复身体健康，就应该勤锻炼。体育场上积极锻炼的人们都是为了拥有强壮的体魄，更好地生活下去。

3.发掘人的潜力

在发掘人的有效潜力方面，这两者产生的效果是相同的。传统的体育文化，很多都是重视武学方面，中国自古以来注重文武双全，只有能文能武的人才可以称得上是非常优秀的人。这种传统的思想可以激发人的无限潜能，可以很好地挖掘人的潜力，在武学方面有较深研究的人，在哲学方面也会有很深的造诣，假设一个人丝毫不懂哲学的内容，那么在武学方面肯定不会非常精通，中国优秀的传统体育文化在一定程度上可以开阔人们的眼界，从不同方面充分挖掘人的巨大潜能。

现代的体育项目，大多数追求更快、更高和更强，不断追求卓越和精益求精，在百米的比赛中更是想要追求那0.1秒的重要突破，不断地为了刷新更高的世界纪录而努力，总之人们就是要挑战极限，挑战一切可能。传统体育和现代体育有相同之处，都是不断地去挑战、去追求，虽然追求的方法不同，但都是为了更好地激发自己的无限潜能。

（二）道德规范

传统体育文化的精神层面中，道德规范也是一个重要的方面。在传统体育文化中，许多体育项目都强调了道德规范，例如尊重对手、团队合作、诚实守信等。这些道德规范不仅能够提高运动员的竞技水平，还能够培养人们的道德素质和社会责任感。

1.传统体育与伦理道德相关内容

（1）定义与性质

定义：传统体育指的是世界各族人民在不同历史时期创造的以满足人们在不同历史时期身心发展所需要的体育活动方式，是在中华历史上一个或多个民族内流传或继承的体育活动的总称。主要是指我国各传统的祛病、健身、习武和娱乐活动项目。

性质：传统体育学从学科性质上来讲是认识和研究中国传统体育现象及其规律的一门综合性学科，且具有与体育运动实践密切相关的应用学科性质。它运用教育学、体育学、哲学、历史学、社会学、人类学、民族学、经济学、文化学等相关学科的理论方法来探讨和解释传统体育各领域的矛盾和问题。

（2）学科背景

传统体育学涉及很多教育学的内容，在研究过程中也存在要揭示该学科所研究和解决该领域中的特殊矛盾和根本性问题。因此，从学科研究对象的科学界来说，传统体育学属于教育学门类。

2. 伦理道德

伦理道德是一种规范，"伦理"概念蕴含着西方文化的理性、科学、公共意志等属性，"道德"概念蕴含着更多的东方文化的性情、人文、个人修养等色彩。"西学东渐"以来，中西"伦理"与"道德"概念经过碰撞、竞争和融合，其划界与范畴日益清晰，即"伦理"是伦理学中的一级概念，而"道德"是"伦理"概念下的二级概念。

伦理道德的内容即伦理规范与道德传统、品德与自律、诚信与德行，以及民事行为与法律规范。对道德传统与伦理规范的学习，对品德与自律、诚信与德行、民事行为与法律规范的知识的掌握，使学生进一步了解道德品质和民事法律，引导学生自觉锤炼道德品质、恪守德行规范。它是以道德、伦理与法律相结合，探讨社会的德行规范。

3. 伦理规范与传统体育学研究的结合

很多传统文化被掩埋在历史的深渊，在一代又一代科研者的艰辛探索下，有些历史文化被挖掘出来并得以保护和传承下来，但要明确地认识到在华夏五千年的历史峥嵘岁月里，当前所挖掘的只是冰山一角，更多的等待着我们后人的努力。在对民族文化的传承中要了解到任何文化变相创新都以继承为前提，没有继承就没有创新。人类社会经历了农耕时代的血缘宗法伦理道德和工业时代的资本主义伦理道德两大阶段。前者以社会整体主义形式为特征；后者以个人为本位，以利己主义为基本原则。如果说后者是对前者的否定，那么以为人民服务为核心、以集体主义为基本原则的社会主义伦理道德的产生则是对后者的否定之否定。具体地说，以为人民服务为核心、以集体主义为基本原则的社会主义伦理道德可以以全新的内涵在形式上肯定农耕宗法发展阶段获得的以社会为本位的群体精神、社会情感和心理定势等文明成果。

4. 传统修身养性的道德规范功能

中国的传统社会是一个注重伦理道德的社会，人的言行严格地受到传统价值的约束，伦理道德是衡量人的行为好坏的标准。长此以往，形成了唯道德价值论，道德上的成就是人生最具价值的成就。与此同时，伦理道德的教化价值也日益显现，而修身养性和追求精神境界的完美则居首要地位。例如武术、气功、棋类等传统项目流派众多、门类繁杂，讲究正宗嫡传和遵循一定的道德价值规范，以健康长寿为目的，强调精神情感，讲究养神、养性、养德。体育是文化的重要表现载体，社会的主流文化必然对该社会的体育价值观及内容体系的形成起主要作用。我国传统体育在儒家思想的影响下，形成了以健康长寿为目的的养生活动消遣娱乐等体系。

传统体育作为一门新兴学科，它的学科建设与科研开发都还处在基础阶段，因此应从我国民族发展的现状出发，积极研究各民族的体育文化遗产和文化现象，使之上升为理论，逐步构建具有我国特色的传统体育文化理论体系。

传统文化有其特定的内涵和主导地位的基本精神，包含有形的物质文化，但更多地体现在无形的民族精神和体育精神上，在价值观念、生活方式、风俗习惯、心理特征、审美情趣等方面表现得尤为明显。而如何更新传统体育人文内涵建设，使之与伦理道德教育协调发展，则是发挥传统体育社会功能文化功能的关键。

（三）信仰观念

中国传统体育文化的信仰观念非常丰富，主要包括儒家思想、道家思想和民间信仰等方面。以下是一些中国传统体育文化的信仰观念的例子：

1. 儒家思想

儒家思想在中国文化中占据重要的地位，也对中国传统体育文化的发展产生了深远的影响。儒家思想强调人与人之间的关系和道德准则，这些思想在中国武术、太极拳、棋艺等传统体育项目中得到了广泛的应用。例如，在中国武术中，强调的是遵守道德准则、讲究礼仪、尊重对手、注重品德修养等，这些都是儒家思想的体现。

2. 道家思想

道家思想是中国传统文化的重要组成部分，也对中国传统体育文化的发展产生了深远的影响。道家思想强调自然、平衡和修身养性等概念，这些思想在太极拳、气功等传统体育项目中得到了广泛的应用。例如，在太极拳中，强调的是"以柔克刚""化劲"等理念，这些都是道家思想的体现。

3. 民间信仰

除了上述的官方信仰外，中国传统体育文化中还包括许多民间信仰。这些信仰包括拜神、祭祀、祈求保佑等方面，这些活动在民间传统体育项目中也得到了广泛的应用。例如，在中国传统的拳术、摔跤等项目中，常常伴随着一些拜神、祈祷等活动，以求得胜利和保佑。

（四）审美观念

中国传统体育文化的审美观念可以追溯到古代，包括各种体育项目，例如武术、太极拳、八卦掌、散打、跆拳道、射箭、赛龙舟等。以下是一些中国传统体育文化的审美观念的例子：

1. 内在美

中国传统体育文化强调内在美。例如，武术中讲究内功修炼，强调以内力驱动外功，注重身体内部的协调性和灵活性。太极拳中，强调"虚灵顶劲""悬肘垂肩"，注重内外合一，使得动作看似轻盈柔和，却具有强大的力量。

2. 统一美

中国传统体育文化强调统一美。例如，武术、太极拳等项目中，动作的连贯、协调和流畅非常重要，体现了整体的美感。在传统的竞技项目中，例如跳绳、踢毽子、跳大绳等，体现了身体与器具的统一美，使得运动员和器具的动作完美地配合起来。

3. 和谐美

中国传统体育文化强调和谐美。例如，在传统的民间体育项目中，如踢毽子、打陀螺等，注重技巧的自然和简单，以及运动员的个人风格和特点。在龙舟比赛中，不仅要注重船员的协调配合，还要注重船的外观和装饰，以及船上的鼓点和唱歌等方面，使得整个比赛具有和谐美。

总的来说，传统体育文化的精神层面非常丰富，其中体育精神、道德规范、信仰观念、审美观念等方面都是非常重要的。这些精神层面不仅能够促进人们的身体健康，还能够培养人们在人格修养、道德素质、社会责任感等方面的优秀品质，提高人们的文化修养和美学素养。此外，传统体育文化的精神层面还能够带给人们精神上的满足和自信，激发人们的斗志和创造力，具有重要的社会和文化价值。因此，保护和传承传统体育文化的精神层面，对于提高国民素质、增强民族自信心、促进文化交流和文化传承都有非常重要的意义。

第三节　传统体育文化的特点

在中华传统文化背景下发展起来的中华传统体育文化，在演进过程中展现出了一系列独特的文化特征。

传统体育文化是各民族、各国家在长期历史进程中逐渐形成并得以传承的一种文化形态。它具有以下特征。

一、历史悠久

传统体育文化有悠久的历史渊源，是一个民族或国家文化发展历程中不可或缺的部分。传统体育文化的历史可以追溯到远古时期，经历了数千年的发展与演变。主要体现在以下几个方面：

（一）历史渊源

传统体育文化的起源可以追溯到古代，许多民族和国家都拥有自己的传统体育文化，其历史可以上溯到几千年前。在中国，传统的武术、太极拳、民间舞蹈等文化形态都有悠久的历史。

（二）历史沉淀

传统体育文化的历史沉淀也是其历史悠久的一个体现。在传统体育文化中，许多文化元素已经在长期的历史进程中得到了深刻的沉淀，这些文化元素与传统体育文化紧密相连，共同构成了传统体育文化的基础。

（三）文化传承

传统体育文化的历史悠久也体现在其文化传承上。许多传统体育文化都是由前辈传承至今，代代相传。在这个过程中，人们对传统体育文化的认知、理解和实践也在不断深化和发展。

（四）文化积淀

传统体育文化历经千年的积淀，形成了独特的文化积淀，这些文化积淀包括文化传承、文化精神、文化内涵等方面的内容。这些文化积淀成为传统体育文化的独特特色，同时也为后人提供了宝贵的历史、文化和智慧资源。

总之，传统体育文化的历史悠久是其独特的特性之一，这种历史悠久既是传统体育文化得以传承和发展的基础，也是各民族和国家文化传统的重要组成部分，具有重要的历史、文化和社会意义。

二、多样性

传统体育文化是多元化的，包括各种形式的体育活动，如竞技体育、民间体育、传统武术、传统舞蹈等。传统体育文化不仅包括身体技能的练习，还涉及思想、信仰、道德等方面的内容。主要体现在以下几个方面：

（一）地域多样性

传统体育文化是由各地区特定的文化背景、自然环境和社会习惯等因素所塑造的，因此在不同的地区，传统体育文化的内容、形式和特点都存在差异。例如，在中国，北方武术和南方武术之间就存在很大的差异。

（二）民族多样性

不同民族所处的历史和文化环境不同，因此其传统体育文化也呈现出多样性。不同民族的传统体育文化具有独特的形式、内涵和意义。例如，在中国，汉族、藏族、维吾尔族等不同民族的传统体育文化各具特色。

（三）社会多样性

传统体育文化的多样性还体现在社会层面。不同社会群体的文化背景、职业、性别、年龄等因素也会对传统体育文化产生影响，导致其呈现出不同的形态和特点。例如，在中国，不同阶层和职业的人群在传统体育文化方面的表现也存在差异。

（四）形式多样性

传统体育文化的形式也呈现出多样性。不同的传统体育项目具有不同的形式，例如，民间舞蹈、武术、柔道、剑道等，这些项目在表现方式、动作要求、规则和装备等方面都存在差异。

总之，传统体育文化的多样性是其独特的特性之一，这种多样性既反映了不同地区、民族和社会群体的文化特点，也为人们提供了更加广泛和多元化的文化资源和精神食粮，具有重要的历史、文化和社会意义。

三、文化内涵丰富

传统体育文化蕴含丰富的文化内涵，具体包括以下几个方面：

（一）内涵丰富

传统体育文化内涵丰富，包括道德教育、历史文化、哲学思想、艺术审美等多种元素。例如，武术中注重的是身体的技术和能力的提升，同时也注重身体和心灵的修养，强调"武德""武艺"和"武术精神"。

（二）形式丰富

传统体育文化形式丰富多样，包括竞技、表演、舞蹈等多种形式。例如，中国传统的"太极拳"就是一种既可以作为竞技运动，也可以作为健身锻炼的传统体育项目，它还是传统文化的一种表现形式。

（三）功能丰富

传统体育文化的功能丰富多样，包括健身保健、娱乐休闲、传承文化、弘扬民族精神等多种功能。例如，中国传统的"八卦掌"不仅可以作为健身锻炼，还是一种重要的传统文化遗产和民族精神的表现形式。

（四）资源丰富

传统体育文化是人类历史文化遗产的重要组成部分，其包含的文化资源也非常丰富。传统体育文化的传承和发展不仅可以为人们提供各种形式的体育锻炼和文化体验，同时也是保护和传承人类文化遗产的重要途径。

总之，传统体育文化的丰富性反映了其在历史、文化、艺术、哲学等多个领域中所扮演的重要角色，具有深厚的历史文化底蕴和丰富的文化内涵，为人类文化的发展和进步做出了重要的贡献。

四、促进人的全面发展

传统体育文化强调体育、道德、智力、美育等方面的发展，提倡身体与灵魂的和谐发展。通过传统体育文化的练习，可以提高人的身体素质、道德品质、智力水平和审美能力。传统体育文化在促进人的全面发展方面具有以下特征：

（一）多样性

传统体育文化是在不同历史时期、不同地域、不同民族和不同社会阶层中形成的，因此具有丰富多彩的文化内涵和多样化的体育活动形式。不同的传统体育文化可以满足不同人群的需要，促进人的全面发展。

（二）综合性

传统体育文化通常包含多种不同类型的体育活动，如拳击、跳绳、摔跤、武术等。这些体育活动不仅包含了身体的锻炼，还涵盖了心理、道德、文化等多个方面，有助于人的全面发展。

（三）社交性

传统体育文化的体育活动通常是在社交场合进行的，如民间比赛、节日庆典等。通过参与这些活动，人们可以建立社会关系、增进友谊，培养个人的交际能力和组织能力，促进人的全面发展。

（四）健康性

传统体育文化的体育活动通常注重身心健康，强调身体的锻炼和心理的调节。这有助于提高身体素质、增强免疫力、缓解精神压力，促进人的全面发展。

（五）历史性

传统体育文化是一个国家或地区的历史文化遗产，具有独特的历史价值。通过传承和发展传统体育文化，可以加深对历史和文化的认识，增强民族文化自信，促进人的全面发展。

总之，传统体育文化是人类历史和文化的重要组成部分，对促进人的全面发展具有重要意义。

第三章　传统体育文化的属性

第一节　传统体育文化的民族性（传承）和时代性（变迁）

一、传统体育文化的民族性

传统体育文化作为一种具有深厚历史传承的文化形态，其民族性（传承）特性在其内涵和特点中占据重要地位。在传承方面，传统体育文化表现出以下民族性特性：

（一）民族认同

传统体育文化在不同地域和民族中存在差异，不同的民族拥有不同的传统体育文化，同时传统体育文化也是民族认同的重要组成部分，成为维护民族认同和文化特色的重要载体。比如汉族的武术、蒙古族的摔跤、藏族的马术等传统体育文化都是各自民族的文化代表。

（二）师徒传承

传统体育文化的传承方式主要是师徒相传，这种传承方式在不同民族和地域中具有共性。传统体育文化的师父通常是在家族或者门派中继承而来的，通过口头传授和实践教学，将自己的技艺传承给后人，师徒之间的关系也通常是亲密的。师徒传承是传统体育文化的重要特征之一，也是传承中的重要环节。

（三）文化自觉

传统体育文化的传承除了需要外在的物质载体和师父的传授外，更需要文化自觉。文化自觉是指文化传承者内在的文化认同和自我意识，只有真正认识和理解自己的文化传统，才能真正地继承和传承传统体育文化。这种文化自觉对传统体育文化的传承至关重要，同时也是维护传统体育文化的文化特色和民族认同的必要条件。

（四）民间参与

传统体育文化的传承需要民间参与，这种民间参与包括传统体育文化的表演、比赛、节庆等，这些活动需要民间参与，通过活动的方式将传统体育文化进行传承和传播。民间参与是传统体育文化传承的一种重要方式，也是传统体育文化的重要组成部分。

二、传统体育文化的时代性

传统体育文化的时代变迁特性是指随着时间的推移，传统体育文化体现出来的内容、形式、意义等方面发生的变化。这些变化反映了传统体育文化的适应性和更新性，也反映了历史和社会环境对传统体育文化的影响。

首先，传统体育文化内容方面随时代变迁而变化。传统体育文化的内容是由当地的传统文化、历史、地理、生态环境等因素共同塑造而成的，因此不同地区的传统体育文化内容有所不同。随着时间的推移，社会经济、科技、文化等方面不断发展，传统体育文化的内容也随之发生了变化。例如，传统的摔跤比赛在现代发展成了职业摔跤比赛，传统的搏击运动发展成了现代的散打、拳击等，传统的射箭、划船等活动则发展成了现代的射击、划艇等。

其次，传统体育文化的形式也随着时代变迁而不断变化。传统体育文化的形式主要是指传统体育活动的举办方式、参与方式、规则等方面的变化。例如，在古代的传统体育比赛中，比赛主要集中在庙会等特定场所举行，比赛的规则也不尽相同。而现代的传统体育比赛则更加规范化，比赛规则也更加统一，同时参与方式也更加多样化，不仅有专业运动员，还有普通民众和游客参与。

最后，传统体育文化的意义也在时代变迁中发生了变化。传统体育文化的意义主要表现在文化传承、身体锻炼、娱乐和社交等方面。随着时代的变迁，传统体育文化的意义也发生了变化。例如，在古代，传统体育活动主要是为了祭祀、祈福等信仰和社会仪式，而在现代，传统体育活动则更多地强调身体健康、娱乐和社交等方面的意义。

传统体育文化的时代变迁是不可避免的，这种变迁也表明了传统体育文化的活力和适应性。随着现代文化和生活方式的普及和发展，传统体育文化在时代变迁中也面临很多挑战和变革。随着社会的发展，人们的生活水平提高，对体育娱乐的需求和形式也发生了很大的改变，传统体育文化也需要不断地进行改革和创新，以适应现代社会的需求。

例如，中国的太极拳作为传统体育文化的代表之一，在现代社会中不断地发展和变革。太极拳的传统形式主要是以身法、心法、拳法为基础，注重内功的修炼和身心的和谐。然而，在现代社会中，太极拳不仅作为一项传统体育项目被广泛推广，还被应用于医疗保健和心理疗法等领域。太极拳的发展和变革，不仅为人们提供了更多的健康保健和文化娱乐方式，也为传统体育文化的传承和发展提供了新的途径和思路。总之，传统体育文化作为民族文化的重要组成部分，其民族性和时代性是不可分割的，需要在传承发展过程中不断地进行平衡和调和，以适应时代变革的需求和挑战。

三、传统体育文化的民族性（传承）和时代性（变迁）的联系

传统体育文化是一个具有深厚历史传承的文化体系，是各个民族特有的文化遗产。它的传承与发展，既有强烈的民族性特征，也受到时代变迁的影响，二者紧密联系，相互作用。

传统体育文化的民族性主要表现在，它承载了一个民族的文化认同、历史记忆和集体价值观念，具有独特的地域和历史背景，体现了民族特有的审美、意识形态、生活方式等。同时，传统体育文化的传承也需要在民族群体中不断强化和巩固，以确保其不失传。

然而，随着时代的变迁，传统体育文化也面临多重挑战。一方面，传统文化的大量流失、社会发展的快速推进和经济利益的冲击等因素，对传统体育文化的传承构成了极大的威胁。另一方面，随着科技的进步和全球化的推进，新的体育文化形式层出不穷，使得传统体育文化面临被替代的风险。

因此，传统体育文化的时代性特征也日益凸显。传承者需要重新解读传统文化，将其与现代社会相结合，开展新的活动方式和推广途径，使其不断适应时代的变化，从而得到传承和发展。

在传统体育文化的传承与发展中，民族性和时代性的联系是相互依存的。只有在传承民族文化的基础上，根据时代的变化进行改革和创新，才能让传统体育文化持续发展，并在现代社会中展现其独特的魅力和价值。

第二节　传统体育文化的主动性和余暇性

一、传统体育文化的主动性

传统体育文化的主动性体现在其具有强烈的自我意识和自我价值体现，这种意识和价值体现在传统体育活动的各个方面，包括传统体育的规则、习俗、仪式、礼仪、器具等。在传统体育文化中，人们通过参与体育活动，表达自己的身份认同、社会地位、性别角色、生命体验等多方面的主体性。

传统体育文化的主动性不仅表现在个体层面，也表现在社会层面。传统体育活动不仅是个体体验的一种方式，更是一个社会群体的集体经验。传统体育文化在传承和发展的过程中，经常通过社会组织、俱乐部、协会等机构来组织和推广传统体育活动。这些组织和机构的建立和运营，展示了传统体育文化的主动性，以及传统体育活动在社会中具有的重

要地位和影响力。

传统体育文化的主动性还表现在其对外部环境的适应性和反应性上。传统体育文化在适应社会发展的同时，也在不断地发展和变化。例如，在工业化和城市化的进程中，传统的田野体育逐渐向城市移植和发展，形成了新的城市体育文化。传统体育文化的主动性使其能够在社会变革和发展的过程中保持活力和持续发展。

总的来说，传统体育文化的主动性表现为其对自身和社会环境的意识和理解，对自我价值和社会价值的认同，以及对外部环境的适应性和反应性。这种主动性是传统体育文化得以传承和发展的重要保障。

二、传统体育文化的余暇性

传统体育文化的余暇性是指它通常是在人们的业余时间、休息时间和节假日进行的一种文化活动。传统体育文化所涉及的运动项目和活动形式多样，有些是信仰仪式、祭祀活动中的体育表演，有些是民间传统节庆活动中的体育竞技，还有些是人们日常生活中的健身娱乐活动。

传统体育文化的余暇性与现代社会中的休闲、娱乐、健身文化密切相关。随着现代化进程的加快和生活水平的提高，人们的生活压力逐渐增加，而休闲、娱乐和健身活动则成为缓解压力、放松身心的一种重要途径。因此，传统体育文化中的运动项目和活动形式也逐渐得到了关注和重视。

传统体育文化的余暇性还表现在其对于社交、交往的重要性上。在传统社会中，体育活动往往是人们进行社交和交往的一种重要途径。例如，一些传统的民间节庆活动中，人们会组织各种体育竞技比赛，而这些比赛促进了人们相互交流、认识新朋友、增进感情。同时，体育活动也是一个促进团队协作、提升集体凝聚力的重要手段。

在现代社会中，传统体育文化中的一些运动项目和活动形式也被重新发掘和推广，例如太极拳、气功等。这些项目和活动形式具有不同程度的健身效果，也满足了人们对于休闲、娱乐和社交的需求，成为现代社会中的一种重要文化现象。

三、传统体育文化的主动性和余暇性的关系

传统体育文化的主动性和余暇性有密切的关系。传统体育文化中往往涵盖丰富的体育活动形式，这些活动并不仅是为了满足人们的生理需求，更是人们主动地寻求身心娱乐和丰富文化生活的方式。传统体育文化中的许多活动形式都有明显的娱乐性和社交性质，例如民间舞蹈、游戏竞技、节日庆典等，这些活动不仅可以满足人们的身体运动需求，也可以让人们感受到身心愉悦，还能帮助人们维系社交关系。

传统体育文化中的余暇性也是其主动性的体现。相比于竞技体育等专业化的体育活动，传统体育文化的许多活动形式更加注重人们的自由参与和自发组织。这些活动不仅不

受时间、地点和年龄等的限制，还强调个人和社区的自主性和创造性。因此，传统体育文化的余暇性和主动性不仅可以促进人们的身心健康和社交关系的维系，同时有助于增强人们的自我认同感和集体凝聚力，对于文化传承和社会发展都具有重要的意义。

第三节　传统体育文化的传统性和地域性

一、传统体育文化的传统性

传统体育文化的传统性体现在其具有悠久的历史和深厚的文化底蕴上。传统体育文化是随着人类社会的发展而形成的，经历了长期的发展和传承，在特定的历史时期和特定的社会背景下形成了独特的文化体系，成为某个民族或地区的重要文化符号。这种文化符号不仅体现在传统体育项目的形式、规则、技艺等方面，还体现在传统体育活动的社会意义、价值观念、精神文化等方面。传统体育文化的传承与发展，就是要在尊重传统的基础上，将其与现代社会相结合，推动其不断发展和创新。

传统体育文化的传统性还体现在其传承方式上。传统体育项目一般都是口耳相传、师徒相传，通过学徒制等方式进行传承。这些传承方式已经历了数百年的历史，是传统文化得以延续的重要途径。此外，传统体育文化在传承过程中也强调"传统创新"的理念，即在继承传统的基础上，加以改进和创新，以适应时代的需求和发展。

传统体育文化的传统性也使其具有一定的地域性。传统体育项目的形成与发展都与特定的地域和民族文化紧密相关，体现出各地区的特色和文化差异。例如，中国武术有太极拳、形意拳、八卦掌等不同门派，每个门派都有自己的传统和特色。而印度的瑜伽则有哈达瑜伽、拉达克瑜伽、艾扬格瑜伽等多种流派，每种流派也有自己的传统和特色。这些地域性特点不仅体现在传统体育项目的形式和技艺上，还反映在人们的生活方式、价值观念、文化习俗等方面。

总之，传统体育文化的传统性是其不可分割的组成部分，是其得以传承和发展的重要基础。在传承和发展传统体育文化的过程中，需要充分尊重传统、加强创新，既保护其文化价值，又适应现代社会的发展需求。

二、传统体育文化的地域性

传统体育文化的地域性指的是特定地域或地方文化中存在的体育文化现象和特点。受历史和地理等因素的影响，各地传统体育文化在形式、内容、风格、技艺等方面都具有一定的地域性特点。

首先，传统体育文化的地域性表现在其体育活动的类型和形式上。不同地域的传统体育文化因为环境、生活方式、历史背景等差异而表现出不同的特点。例如，中国的太极拳、八卦掌、形意拳等武术项目就有明显的南北风格和地方特色。

其次，传统体育文化的地域性表现在技艺和表演形式上。例如，中国的少林寺拳法、跆拳道等项目，不仅注重技击的实战性，也强调技艺的精湛和表演的艺术性，因此表现出不同于其他国家的特殊魅力。

最后，传统体育文化的地域性体现在传承方式和文化传统上。不同地域的传统体育文化因为历史、文化背景不同，在传承方式和文化传统方面也有所不同。例如，中国的民间体育文化是通过师徒传承、家庭传承等方式代代相传，而且往往与民间信仰、祭祀等文化传统紧密相连。

总的来说，传统体育文化的地域性既是其独特魅力的来源，也是其传承和发展的重要保障。在推广和传承传统体育文化时，必须充分尊重和保护其地域性特点，保持其原有的传统文化内涵和风格，也要注重其与其他地域文化之间的交流和融合，推动其在更广阔的范围得到传承和发展。

三、传统体育文化的传统性和地域性的联系

传统体育文化的传统性和地域性是密切相关的。传统体育文化是不同民族、不同地域、不同历史时期所共有的文化传承在历史长河中形成的文化传统。在不同的地域，由于历史、地理、社会经济等方面存在差异，传统体育文化在表现形式、技艺特点、习俗传统等方面也会存在不同之处。因此，传统体育文化的地域性表现为不同地域间的文化差异和文化多样性，同时也反映了当地的社会、历史和文化背景。传统体育文化的传统性则表现为文化传承的延续性和稳定性，是历史的产物和文化的沉淀，具有一定的历史性和固定性。

传统体育文化的传统性和地域性相互作用，共同构成了每一个地区独特的文化景观。例如，中国的太极拳是一种源远流长的传统体育文化，它在不同地域形成了不同的流派和表现形式。在陕西的陈家沟，太极拳强调内功的修炼和身心合一的境界，被称为"内家太极拳"；而在湖南的咸阳市，太极拳则注重招式的变化和气势的磅礴，被称为"外家太极拳"。这种不同的地域性表现，反映了不同地区的文化背景和历史渊源，也传承了太极拳的传统文化价值。因此，传统体育文化的传统性和地域性的联系，不仅反映了文化的多样性和丰富性，也传承了历史文化的遗产和民族文化的精髓。

第四章 传统体育文化的传承与发展现状

第一节 传统体育文化的传承方式

一、新时代我国传统体育文化的守正

"正"即正道，是事物的本质和规律。守正，就是坚守正道，坚守住传统文化本位与文化底线。当前，因世界多元文化冲击而导致传统体育文化传播式微、本源价值异化、发展因循守旧、认同意愿淡化，成为新时代传统体育文化发展的守正之困。因此，亟待我们在守正与革新中奋力抓住发展契机，破解新时代传统体育文化的守正之困。

（一）本土文化与域外文化碰撞下的传播境遇式微

在新时代背景下，传统体育文化的国际化传播已成为国家意愿与政治诉求。传统体育文化作为中华传统文化的重要组成部分，具有深厚的文化底蕴与民族特色，包括传统武术的尚武礼仪之道、太极拳的刚柔相济之道、健身功法的健康养生之道等皆是中华文化之内蕴与现代文化之刚需。

随着 2020 年 12 月太极拳项目被列入世界非物质文化遗产代表性项目名录，太极拳作为一张外交名片，充分彰显了中华民族特色与中国传统符号。

然而，在本土文化与域外文化的激烈碰撞下，传统体育文化传承内核却不断被弱化，从而导致传统体育项目在国内的传播逐渐式微。多数传统体育项目尚未具备"走出去"的能力，正如中华武术多次止步于奥运大门之外的历程，造成传统体育文化在国际化传播中很难拥有展现文化魅力、彰显民族符号的机会。这也从侧面反映了本土文化以主流文化传播的路线是存在壁垒的，如何打破传播壁垒，寻找一条合适的传播路线成为新时代传统体育文化发展亟须解决的现实困难。

（二）社会环境与历史条件更迭下的本源价值异化

江河万里，必有其源。环境要素与时代发展决定了传统体育项目内核的差异，社会环境的变迁与历史条件的更迭，导致部分传统体育项目发展出现失位。

自改革开放以来，传统体育项目在活态传承与保护发展中，未能切实做到在发展中保护，在保护中发展；未能以坚守传统文化为本位，忽视了对传统体育文化的本源价值归正，从而导致其价值出现异化。譬如中华武术在项目传承过程中逐步失去技击性价值，传统武术界之所以极力反对"竞技武术"，并提出"样板武术""伪武术""舞武""舞术""被阉割的武术"等各种讥讽性称谓，正是因为竞技武术丢失了传统武术的本源价值，背离了武术文化精神，偏离了武术发展轨道，迷失了武术发展方向。正如近年来的传统武术"打假""约架""污名化"等一系列事件乱象将中华武术的技击性本源特征推到了风口浪尖。同时，在市场资本的利益驱使下，少数传统武术传承人在利益面前选择了背离与欺骗群众，对传统体育文化的发展置之不顾，以践踏文化本位与文化底线来获取自身利益，在纷纭多变的乱象中迷失方向、舍本逐末，这样的恶性发展是看不到希望的。

为此，在研究传统体育文化本源价值上，与其采用既定的概念或范畴进行削足适履式的分解与异化，不如从总体上把握其内蕴、呈现其实然。诚然，传统体育文化在模仿西方体育文化发展范式过程中，缺乏对文化本源的和合继承与文化原真的客观保留，没有在坚守文化本源特性的前提下实现创造性转化，这样的举措只能使其不断受到挤压，并导致在外向突破上屡屡受挫，从而无法从现实意义上推动创新性发展。

文化的复杂性特征决定了传统体育项目难以实现制度统一标准，当我们在临摹发展成熟的西方体育文化时，本土文化的本源价值正在异化；当西方体育文化占据国内市场主导时，本土体育文化市场正在消弭；当中华传统文化发展无法坚守本位归正时，传统体育文化便成了无源之水、无本之木。

（三）区域化和一体化互通下的发展因循守旧

中国的现代化运动，不是否定传统，而是批判传统，不是死守传统，而是再造传统。在新时代，通过破解传统项目地理封闭性的发展困局，来实现本土文化创新性发展才是关键。由于我国少数民族居住的地理环境相对封闭，民族之间的相互交往与交流受到很大限制，时空上的差异使得各民族不同程度地具有了区别于其他民族的传统和民族个性，各民族的传统体育活动在相对封闭的环境中独立发展。其封闭性导致传统体育项目很难进行区域流动，从而缺乏创新性发展，导致传统体育文化缺乏共同发展方向。由于内部环境方面存在一系列问题，传统体育文化在外部环境发生变化的时候，自我调适能力不足，不仅不能充分利用好的外部环境推动其发展，反而会受到一定的冲击。在文化传播方面，我国对传统体育的传播缺乏整体规划和品牌性设计，传播媒介相对单一和传统，同全民健身项目缺乏融合度等，在一定程度上导致传播路径狭窄。

传统体育文化在新时代需要走好全局最优解的发展道路，不仅要考虑到其项目的多样性与复杂性，更要切实将传统项目进行规范性整理，合理规划优势项目，加大对非遗项目的政策扶持，并充分利用新时代互联网传播的广度与深度，以发掘和整理优势项目，以及结合新业态来促进传统体育项目发展，以教育、旅游、健康方面为现实导向，积极推动区域化和一体化的互通。近年来，传统体育以其较强的参与性、娱乐性和观赏性，成为民族地区旅游产业开发中的一个特色。随着旅游产业的升级，传统体育的产业开发未能及时跟进，以表演或展演为主的单一形式已经与社会发展脱节，更深层次的文化产业开发和特色体育开发尚未形成规模。

总体而言，由于传统体育项目之间缺乏文化互通，造成传统体育文化发展滞后，无论是内部传承还是对外传播都面临发展瓶颈，尚未形成多元一体的高质量发展体系。新时代传统体育文化如何在域外西方竞技体育文化占据国内体育市场份额主流的当下破茧重生，利用区域一体化格局快速发展、创新性发展已成为亟须解决的重要问题。

（四）多元化与本土化交融下的认同意愿淡化

近年来，以美国为代表的西方发达国家的政治、经济与文化的"先发"优势，给发展中国家传统的身份认同、文化认同特别是国家认同带来巨大的冲击，主要体现在多元文化交融所造成的文化国际渗透给本土文化审美带来了重创，致使我国青少年出现审美观的扭曲与价值观的错位。互联网与电子竞技的出现也让广大青少年沉迷其中。青少年青春朝气的缺失与身体素质的下降也导致更多的中小学生在各项体育考核中难以达到合格标准。这一系列的社会现象无不映射出域外文化的意识形态渗透如同苍蝇叮鸡蛋一样，"叮"进了我国众多青少年的心坎中。而这本质上就是青年群体的族群认同感逐渐降低的表现，对本民族文化的漠视会造成情感依附的渐渐失去，这一现象在文化认同理论中属于认同失谐。

在全球化背景下，传统体育在文化包容中必然要直视本土文化与域外文化之间的文化冲突，与其他类型文化表现出一定的趋同性，特别是来自西方竞技体育文化的冲击，使传统体育文化逐渐丧失了自身的本真性，从而导致文化认同被破坏。如今文化认同意愿的淡化导致现代青少年不再以尊崇传统文化为己任，而去追崇现代西方体育文化，以疏离甚至隔断传统体育文化，让处在旧思维时代的传承人身临孤独之境。西方体育文化浪潮以及全球多元文化的渗透也正在逐步吞噬本土文化传承人的传承理念，导致社会出现了传统体育文化认同危机。在当今数字化时代，青少年受多维意识形态与民族文化的制约，对传统体育的文化认同在割裂基础上逐步淡化，由自我效能感缺失所产生的文化认同危机进而导致国家认同赖以依存的物质与精神基础的弥散。与此同时，中华传统文化受外来文化浸染所导致的文化解构也正逐步降低青少年对本土文化寻本守真的意愿。

二、传统体育文化传承机制

（一）驱动机制维度

1. 传统驱动因素因时代变迁而被取代

人类需求具有明显的时代性和层次性。作为人类基本需求的体育，其功能演进呈现出从低到高的总体趋势。随着社会的发展，部分传统体育活动在功能上逐渐分化为修身养性或用于军事战争的方式（导引、气功、武术），后来则更加多元化，如益智（围棋、象棋、藏棋等）、交往、健体和娱乐等。本研究在调查中发现，以往基于信仰、交往、养生等目的而参与传统体育活动的人越来越少，而以健身强体和娱乐休闲为主要驱动力的人数增长明显，这种需求的变化与马斯洛和埃尔德弗提出的需求理论基本相符。

总体来看，传统体育文化的驱动因素已然发生了时代和层次上的改变，较高层次的娱乐休闲和健身强体逐渐成为主要的驱动因素。

2. 传统家族规制的推动作用逐渐让渡

中国自古就是一个以家族血缘为基础的家国同构型社会，每个家族的形成、延续和发展，都离不开家规或族规的维系。一般意义上的"家规和族规是一家或一族世代传承的道德准则和处事方法"，是家族文化的积淀和集中体现，具有一定的强制性或规约性。依托家族文化而存在的传统体育，在家族性的祭祀、礼仪、庆典等活动中扮演了表达集体情感的作用，其开展和传承是以家规的强制性和约束性为保障的。然而，随着民族地区城镇化进程的不断推进和社会文明化程度的不断提高，家国同构这种传统社会结构渐渐解体，家族规制在促进传统体育文化传承方面的约束作用也逐渐减弱，广大民族群众已经不再将家族规制作为参与传统体育活动的驱动因素，家族规制的推动作用也正逐步让渡于能够满足人们现实需求的因素。

3. 传统体育的实用功能淡出历史舞台

"源于农耕文明时代的中华传统体育，其文化内核、赓续模式及传承惯性是根植于广大人民之中的生活样态的"，传统体育活动源于各族居民在改造自然、利用自然和征服自然过程中的主观创造，从不同地域各族人民生活和生产创造的实用性演化中而来。然而，随着历史的变迁和现代化工具的出现，以实用功能为存在基础的传统体育活动不同程度地发生了功能的分化和转型，转而成为一种满足人们娱乐、健身、竞赛、表演等需求的传统体育活动。例如"射箭"，其产生之初就是基于远距离射杀猎物这种实用功能；"高脚竞速"（踩高脚马、高脚），最初是苗族、土家族居民用于雨季地面积水时代步的，有时也作为涉水的工具；"板鞋竞速"原是培养士兵集体观念、团结协作精神的工具……从传承驱动机制的角度而言，传统体育实用功能的退出，一定程度上说明传统体育文化的传承是以人们的现实需求为基本驱动的。

（二）实施机制维度

1. 特定社会背景下的师徒制鲜有存在

很长一段历史时期内，"师父—徒弟型"的传承方式维系了传统体育文化的延续和发展，因为"在这种宗族传承的社会文化体系中，拜师学艺是外姓人实现技艺传习的主要途径"。此外，"师傅—学徒型"也在某些具有特殊技能的传统体育中发挥了重要作用，如"高台舞狮""独竹漂""藏式摔跤""骑马射箭"等项目的特殊技术、技能，需要经过专人指导和长期训练才能掌握，传承才能进行。

然而，随着社会的发展，之前需要经过严格的拜师仪式才能达成的"师父—徒弟"关系，也因为依存基础的改变而逐渐减少，"传儿不传女、传内不传外"等传统、保守和封闭的观念也与时代背景相左。

再者，传统器材制作技艺也因为机械化工具的使用和人们谋生方式的多元化而逐渐隐去神秘色彩。在传统体育独特技艺方面，由于其高危险性而失去传承群体。总之，传统体育文化中以武术为典型代表的"师父—徒弟型"传承方式和特殊传统体育技术、技艺传承采用的"师父—学徒型"传承方式随着社会背景的改变而日益减少。

2. 相对封闭的族群制藩篱逐渐被突破

家族或族群这种以血缘、婚姻和生命共同体为基础建立起来的社会结构在民族地区各村寨广泛存在，虽然在维护社会秩序、组织集体活动、传承民族文化等方面发挥了重要作用，但具有一定的封闭性和排他性。家族或族群为包括传统体育文化在内的民族传统文化传承和发展提供了一定的保障，包括传承者数量、参与时间、行为方式和组织形式等方面，但也在无形中筑起了一道与其他族群交流和传播的藩篱。然而，文化的发展需要交流，交流是文化进步和多样化的重要条件，传统体育文化也概莫能外。

近年来，随着民族地区各方面条件的改善，各种平台也逐渐搭建起来，如旅游、物资交流会、运动会等都为传统体育文化提供了展示机会。此外，随着全国传统体育运动会的规模越来越大，竞赛项目也逐渐增多，被列入正式比赛项目也在很大程度上促进了某些项目的传承和发展。综合来看，之前以族群制为基础建立起来的相对封闭的藩篱也随着社会的现代化发展而逐渐被突破。

3. 传承方式单一粗放的现象较为普遍

文化的传承有多种方式，不同类型的传承方式适用于不同的文化类型，意即应当以多元化的传承方式来匹配文化类型的多样性。然而，从民族传统体育文化传承的考察情况来看，传承方式比较单一，传承方式具体化程度也不够，简单粗放的传承方式大量存在，甚至大量的传统体育没有建立起长效的传承方式，一切都靠自然而然地进行。虽然传统体育文化的传承也应遵循文化发展的基本规律，但在此过程中文化主体的作用不可或缺，毕竟，综合并整合有利和有利因素促进民族文化传承也是一种基于人的需要而做出的选择。

相比而言，有些地区通过建设"民族村"、建立"民族传统文化博物馆"、设立"传统体育示范校"、建设"传统体育训练基地"等措施，为传统体育文化的传承搭建了良好的平台，促进了传承方式的多元化。

（三）表达机制维度

1. 传承群体数量和能力代际递减

由人创造的文化在传承和发展方面也以人的主观能动性发挥为基础。各族人民既是传统体育文化的创造主体，也是最为鲜活的载体，还是最有力量的传承者。然而，从现实情况来看，传承群体数量的减少和传承能力的代际递减是传统体育文化传承面临的最突出的两个困境。改革开放以后，民族地区青壮年观念转变，大量外出务工者不断涌向大城市，有的甚至举家迁居，青年群体离开传统体育文化传承的原生场域，后继无人的现实使传统体育文化逐渐失去传承基础。留守村寨的大多为年长者，这一群体在传承民族传统文化方面虽然有很高的积极性和主动性，但因年龄增长、精力减退和技能水平下降等而力不从心。反观青壮年一代，大多数选择外出务工，虽然这一群体具备一定的传承能力，但离开家乡后长时间缺席各种家族活动，其传承能力逐渐减弱甚至丧失。

2. 新传承媒介的使用程度偏低

文化的传承不能凭空实现，需要借助一定的传承媒介，而"凡是能使人与人、人与事物或事物与事物之间产生联系或发生关系的物质都是广义的媒介"。结合传统体育文化来看，语言、身体、文字、影像是最为常用的传承媒介，尤其是语言和身体是过去相当长一段时间传统体育文化传承使用频率最高的媒介，文字次之，影像则出现得更晚。

在社会发展进入互联网时代和新媒体时代的背景下，传统体育文化的传承媒介，还相对保守落后，未能充分借助新时代的媒介，基于互联网出现的"SNS、IM、博客（微型博客）和门户"等多种新型的信息载体为文化传播提供了更宽广的媒介平台，网络媒体具有信息传播范围广、信息量大、保存时间久、成本低和感官性强的优势。进入自媒体时代，信息传播方式更加多元化，随之而生的"微博、微信、抖音、快手"等都成为信息传播的新平台，传统体育文化的传播和传承，在与新媒体接轨方面还缺乏实践，在新媒介的使用方面也需突破限制寻求更多可能。

3. 传承内容筛选缺乏客观标准

文化传承是一项复杂的系统工程，需要一定的标准来确保传承内容是严谨和规范的，否则很难保证传承效果。按照传统体育文化传承机制的理论设计，传承内容的筛选需要从完整性、系统性、合理性、有效性4个方面进行。

然而，现实情况却是传承内容不明确、不成体系、筛选标准粗放且主观性强：其一，"传者"的筛选困难，且标准缺失，身份未能得到官方的认可，传承的责任不明确；其二，"传者"文化水平相对较低，没有筛选传承内容的意识和能力，只能基于经验来随机且主观地拣选内容；其三，传承内容没有文本留存，凭借记忆或经验来确定传承内容容易出现遗忘或遗漏；其四，整个传承过程缺乏保障，包括制度约束、经费支持、时间限定等都缺乏相对固定的要求，除了学校中的传承过程相对规范之外，民间的传承基本上处于随机和随意的状态。

4.内外传承环境亟须整合优化

文化传承不仅需要传承主体、传承场域、传承介质和传承内容，也需要一定的传承环境作为保障，毕竟所有文化的生成、演变和传承都是在一定的环境中进行的，正如费孝通先生所言："文化是脆弱的，如果脱离了它生存的文化圈将会走向灭亡。"从传统体育文化的情况来看，其传承环境包括内部环境（历史、基本特征、基本知识、活动方式、内容、难易程度、基本内涵、技术或技艺等）和外部环境（自然环境、社会环境和文化环境等），从现实情况来看，在内部环境和外部环境以及两种环境的整合方面还存在一定的问题。在内部环境方面，有些传统体育文化的基本内容不够具体和明确，基本知识因缺乏系统性整理而处于碎片化状态，历史脉络也因缺乏梳理而不清晰，基本的活动方式和规则也不统一，文化内涵不够明确和具体，技术体系缺乏归纳而不成体系，器材制作技艺基本停留在经验阶段而未形成规范化文本。由于内部环境方面存在一系列问题，传统体育文化在外部环境发生变化的时候，自我调适能力不足，不仅不能充分利用好的外部环境推动自身发展，反而会受到一定的冲击。

（四）保障机制维度

1.民族传统文化的承载力欠缺

尽管文化周期理论中认为文化从起源到消亡是一个必然过程，但存续能力在某种程度上是与其自身的内涵密切相关的，纵观我国书法、国画、诗词、民族戏曲等传统文化，无不是因为饱含了中国传统文化精髓而传承至今。反观传统体育文化，但凡与民族信仰、传统节日、习俗等融合较好的项目，如武术、围棋、射箭、龙舟等，其存续时间都相对较长；而那些以娱乐、休闲为主的蹴鞠、马球、捶丸等项目，仅在某个历史时期短时间繁盛。由是观之，多数项目在民族传统文化内涵的承载方面还不够，总体呈现出扁平化的样态。

2.传承者的利益难以保持平衡

作为文化传承者的族民，从理论上讲是有传承本民族文化的责任的，但现实中却不可避免地从个人角度去考虑利益的问题，此处所谓的利益是指在参与传统体育活动过程中个人想要获得的益处，或是物质层面和情感层面，或是社会交往层面和自我实现层面。与个体利益相对的概念是集体利益，两者在本质上是一致的。从传统体育文化传承的角度来看，个体利益表现为传承者在参与传承过程中所期望获得的物质、健康、交往、娱乐、休闲等个人回报，而集体利益则主要是指家庭收益、家族利益和族群利益，具体表现为家族文化和族群文化的传承与发扬。两种利益在现实中谁先谁后是一个关乎传承行为发生的驱动因素，即传承者个体只有在获取一定个人利益或回报的情况下才能发生传承行为，促进传统体育文化传承的集体利益才能实现。但成千上万个个体的个人利益需求是多元化且不稳定的，如何满足传承个体的现实需求，在个体利益和集体利益之间寻求平衡点，是我们不得不面临的挑战。

3. 传承活动普遍缺乏时间保障

传统体育文化突出的特点是以身体活动为表现形式，基于这样的特殊性，其传承的有序进行必然以相对常态化的身体活动为基础和前提，典型的是武术习练过程中注重"一日练功一日功，一日不练十日空"，可以说，时间是传统体育文化传承的重要保障条件之一。然而，长期以来，传统体育活动都相对集中地出现在村寨的集体活动中，其中以民族节日最为明显，但节日基本上都是一年一度，即使一年中有多个节日，也未必都开展同样的传统体育活动；此外，政府组织的竞技比赛基本上也是一年一度，甚至是两年举办一届。由于多数地区体育社会组织尚未建立起来，广大民众自发开展的健身活动或展演活动也就难以有规律地开展，并且自发性地活动开展也存在人员不稳定的情况，加之季节、天气、场地等客观因素的影响，时间缺乏就成为常态化的事实。

4. 活动经费来源渠道相对单一

开展传统体育活动是传统体育文化传承过程不可或缺的环节和形式，活动经费的投入是开展活动的保障。在前期针对传统体育文化传承的限制因素进行的社会调查中，专门设计了开展活动和竞赛的经费来源渠道题项，结果显示"政府支持"是最主要的经费来源。过去传统体育活动依附于家族仪式开展的情况随着家族制的消解而结束，"族内募集"活动经费的情况已鲜有存在。多数民族地区整体经济发展水平相对落后，"个人捐资"开展竞赛活动的情况仅在某个家族性活动中偶然出现，而且并非单纯资助传统体育活动的开展；传统体育节庆活动或竞技赛事的产业化程度不高，除了少数赛事有企业赞助之外，大多数传统体育活动还未形成规模和影响，尚不具备自我造血能力，对于政府投入的依赖反映了当前传统体育文化传承活动经费来源渠道单一的现实。

（五）反馈机制维度

1. 传承效果反馈回路未形成

多年来，国家和地方政府针对传统文化的保护、传承和发展进行了大量投入，举办了各种形式的表演和竞赛活动，建立了部分传统体育文化传承基地、传统体育训练基地和传统体育示范学校等，其政策指向均为传承效果。然而，在调研中发现，虽然传承链条的多数环节都能有效完成，但最后的效果反馈缺乏制度性规定和周期性测评。可以说，传统体育文化传承的反馈机制尚未真正形成，直接影响了传承效果的评测，进而导致其传承效果的反馈回路未形成。

2. 传承效果评价实施者缺位

传统体育文化的内容丰富，传统体育的管理工作可以归为体育范畴，也可以列入文化范畴，甚至有些舞蹈类还可以归为艺术部门工作范畴。种种因素导致传统体育工作在政府行政部门的归属不统一，尤其是市、县级表现得更为明显，有些地方的民族体育工作归体育局管理、有的则由文化局管理，行政工作划分也存在文化、体育、旅游合并办公的情况。因此，传统体育文化传承各项工作分属不同的部门管理，在工作过程中存在一定的交叉，分工不明确也直接导致责任模糊，进而造成传承效果评价实施者缺位的现实。

3.传承效果评价的制度缺失

传统体育文化传承过程缺乏信息反馈的原因中，最突出的是制度缺失。在相关文献和调研考察中也发现，相关的制度性文件中未见到关于传承效果评测的内容，从而使传承过程的反馈环节与其他环节脱节。传承效果与评价、传承反馈机制等问题在之前的相关研究中鲜有涉及，而更为具体的传承效果评测和制度设计也基本处于空白状态。某种意义上讲，制度不仅是行为方式的约束，也是一种准则，可以说，制度缺失是一个关乎行为方式是否合理和有效的重要问题，传统体育文化传承效果评价的制度建设和完善这一问题亟待解决。

三、传统体育文化的立法保障

（一）立法保障对推动传统体育文化传承发展的价值

1.彰显中华传统体育文化的重要地位

法治是党领导人民治理国家的基本方略，治理国家要靠法治；提高国家治理体系和治理能力现代化，法治是重要依托。全面实现依法治国是全方位、全领域的依法治国，在全面实现依法治国的图景中，国家各项事务、经济文化事业、社会事务中的重大事项要实现治理体系和治理能力的现代化，都要纳入法治的轨道，依靠法治的引领发展和保障推动。只有通过立法作出明确规定，做到于法有据，才能通过执法确保法律的有效实施，通过司法确保群众合理诉求得到实现，通过宣传教育夯实守法的社会基础，确保法治得到认同。重大事项纳入法治轨道，也说明得到了党和国家、社会各界的重视，其重要地位也就得到了彰显。反之，尚未纳入法治轨道，说明还没有得到党和国家、社会各界的重视，无法靠法治推动，也就难以持续稳定健康地发展。

中华传统体育文化，流行于中华大地，包括民族的、民俗的、民间的体育文化，风格独特，别具一格，体现了中华民族勤劳、勇敢、智慧的精神风貌，沉稳、厚重、大气的性格特点，天人合一、以和为贵、自强不息的人文追求，是中华民族宝贵的精神财富和珍稀的体育、文化资源。无论是弘扬优秀传统文化，坚定文化自信，还是建设体育强国，大力发展体育文化，都离不开中华传统体育文化传承发展。鉴于中华传统体育文化的重要价值和作用，需要将其纳入法治轨道，通过立法彰显传承和发展中华传统体育文化的重要地位。

2.中华传统体育文化规范化发展

法治是一种制度之治、是一种规则之治、是一种规范有序的状态，在法治保障体系下，法律所调整的事项才能得到规范化发展。对于中华传统体育文化来讲，要促进中华传统体育文化的规范化发展，需要明确中华传统体育文化的定义、范围，中华传统体育文化传承发展的目的、基本原则、主要任务，公民依法享有的权利、需要履行的义务，不同层级的政府及其相关部门、其他企事业单位、社会组织的职责，国家的支持鼓励措施，中华传统体育文化传承发展的保障条件、法律责任等，而这些需要明确的事项只有通过立法才能实现。立法后，全社会才能做到尊法、守法、护法、用法，依法维护自己的权利、履行自己的义务，尤其是政府及其相关部门严格依法行政，规范行使权力，落实好相关法律规定，以达到立法所期待的效果。在立法保障下，传承发展中华传统体育文化才能达到规范有序的状态，更好地促进中华传统体育文化规范化发展。

3. 中华传统体育文化的价值目标

"任何法都有制定它的人所输入的价值目标，而法的实施换一个角度看也是在促使法所承载的价值目标的落实，法的实现则是这种价值目标的实现。"中华传统体育文化的价值目标在于通过对中华传统体育文化的挖掘、整理、传承，在新时代赋予其新的内涵，使其得到持续稳定发展，满足人民的竞技、健身需求，提升人民的思想文化境界，服务经济社会发展，坚定文化自信，提高国家软实力，助力中华民族伟大复兴中国梦的实现。

中华传统体育文化价值目标的实现，离不开治理能力的提高，离不开法治的依托。它具有规范性，为传承发展中华传统体育文化提供一套标准和准则，通过标准和准则为政府和人们的行为提供指引。法具有稳定性，法律一经颁布后，非经法定情形和法定程序而不能被修改或废止，有利于持续稳定推进中华传统体育文化传承发展。法具有国家意志性，其制定和执行是国家意志和人民意志的统一，有利于凝聚传承发展中华传统体育文化的共识。法具有国家强制性，传承发展中华传统体育文化不力则需依法承担一定的法律后果。法的以上特性有利于中华传统体育文化的传承发展，进而实现其价值目标。

（二）传统体育文化传承发展立法保障现状分析

1. 相关法律法规缺失

通过从国家法律法规数据库搜索得知：

在我国现有的体育法律体系中，首先，从国家层面来看，涉及中华传统体育文化的相关规定在《体育法》《非物质文化遗产法》等法律中有所体现。《体育法》规定，"国家扶持少数民族地区发展体育事业，培养少数民族体育人才。""国家鼓励、支持民族、民间传统体育项目的发掘、整理和提高。"《非物质文化遗产法》将"传统体育"列入非物质文化遗产，对非物质文化遗产的调查、非物质文化遗产代表性项目名录、非物质文化遗产的传承与传播等方面做出了规定，有利于实现加强包括传统体育在内的非物质文化遗产的保护、保存工作，继承和弘扬中华优秀传统文化的立法目的，对中华传统体育文化传承发展起到积极的推动作用。但目前仅有这两部法律。除法律外，没有相关的行政法规。

其次，从地方层面来看，缺乏地方立法。目前仅有延边朝鲜族自治州2011年颁布的

《延边朝鲜族自治州保护和发展朝鲜族传统体育条例》，对朝鲜族传统体育的内容规定较为全面和细致，具有很强的操作性，对保护和发展朝鲜族传统体育，促进该地传统体育文化的传承发展具有极大的促进作用。除此之外，其他地方还没有类似的地方性法规、地方政府规章。

从整体上看，无论国家层面还是地方层面，都未形成保障中华传统体育文化传承发展的法律体系。

2. 法律规定内容不全面

以《体育法》为例，现行体育法在 1995 年发布，虽在 2009 年、2016 年进行两次修正，但关于中华传统体育方面的内容规定仍然较少。从内涵来看，体育既包括传统体育，也包括现代体育，现实中，在国家层面的重视程度、公共宣传的力度和效果以及群众的心理认识上，现代体育尤其是竞技体育的重要性似乎更高一些，体现在《体育法》中就是中华传统体育方面的内容规定较少。"体育部门往往重视和关注竞技体育的发展，而对于民族传统体育文化的传播、传承和发展缺乏足够的重视。"在奥运争光战略下，人力、物力、财力大量投向竞技体育。在国际大赛和国内大赛中，奖牌和金牌数量最直接地体现出一个国家或一个地区的体育发展成就，也凝聚了国民或地区民众的精气神，无论是政府层面还是社会层面，都对比赛有较高的关注，对金牌有较高的期待，这是无可厚非的，但也应该对中华传统体育给予足够的重视，对中华传统体育文化传承发展给予足够的重视。从立法技术上看，现有的法律规定内容也较为宏观，这不利于具体操作。

法律法规不完善不利于政府相关部门积极行政，积极行政、落实法律的需要与法律供给的差距之间始终存在矛盾，对顺利推动中华传统体育文化传承发展造成一定的不利影响。突出表现在中华传统体育项目在民间的普及程度不高，群众参与度不广。例如，绝大多数学校的体育课教学内容都是现代体育项目，很少涉及传统体育项目。

目前，一些少数民族地区的学校开始尝试引入民族传统体育项目，却无法撼动西方体育项目在学校体育中的主流地位。中华传统体育文化进校园推广受阻。例如，社区成员主要开展现代体育活动，鲜有开展传统体育项目活动的，在一些传统体育特色地区也是如此，"能够体现地区特色的传统体育文化因缺少大众舆论的支持，长期以来都被忽视"。中华传统体育与全民健身缺乏融合，没有广泛深入群众。

第二节　传统体育文化的创新发展

当代中国体育文化与传统体育文化思想精华的结合，体现的就是在"创新性发展、创造性变化"原则下的扬弃、继承与融合。

一、传统体育文化的创新性发展

众所周知，文化传承如同继承父母基因一样，会一代一代延续下去，同时也会潜移默化地影响继承者的思维方式、行为举止等。同样，在中华文化土壤中成长起来的中华传统体育文化，几千年来一直影响并决定着中国体育文化的走向。即便近代以来随着西方文化"东渐"的现代体育传人对中华传统体育文化造成了一定的冲击，但其中所蕴含的中华文化"秉性"仍然不改初衷。因为中华传统体育文化是经过不同时期的流传、融汇而逐步发展起来的，其体育活动中蕴含的原始、朴素、和谐思想与宽和精神、注重礼仪和实用性的价值体现、游戏性和趣味性的娱乐特色以及注重个人修身养性的健身宗旨，已经使中华传统体育文化形成了自己的特色，并成为东方体育文化的典型代表。

今天是昨天的延续，不管人们是否情愿，中国当代体育文化要发展，要从"公共服务"的角度为广大民众提供体育健身保障，始终无法改变、无法抛弃已经深入民众骨髓中的传统体育文化基因。因此，"创新性发展"时"守"住中华传统体育的精髓，本就是中国当代体育文化发展的"柱石"，即便是在这个呼唤创新的时代也是如此。因为只有继承才有创新，更因为人类文化是在传统基础上累积前行、不断提升的，所以发展中国当代体育文化并不意味着凭空杜撰、割裂传统体育发展的历史进程，而是促使传统体育文化在新的时代条件下进一步拓展。应时代而生、伴时代而长，发展现代体育文化就要尊重传统体育文化发展规律，坚持本根、辩证取舍，要有鉴别地加以对待。只有在去除糟粕的同时从中华传统体育文化中汲取精华，才能守住中华优秀传统体育文化之本，才能做好中华传统体育文化基因的传承；只有在扬弃过程中做好继承，才能充分挖掘中华优秀传统体育文化的精华，才能充分显现其价值，充分激发其生命力。这也是中国当代体育文化发展之必需。

二、传统体育文化的创造性转化

"对历史文化特别是先人传承下来的价值理念和道德规范，要坚持古为今用、推陈出新。有鉴别地加以对待，有扬弃地予以继承。"对待中国传统文化，既要"创新性发展"地继承，也要有针对性地抛弃那些有违历史发展规律的糟粕，这就是中国传统文化在当代的"创造性转化"。

随着社会的发展和世界体育文化的交融，中国当代体育文化已经融入了许多新的元素，而作为其重要组成部分的传统体育文化，只有随着不断变化的时代做出适应性调整，才能不断获得持久的生命力，并为建设具有中国特色的中国体育、实现中华民族伟大复兴的体育强国梦提供有力的文化支撑。而在当代要使中华传统体育文化得到新的发展，使之成为中国体育未来发展的动力，必须在新的环境中做好创新，使其得到"创造性转化"。

中华传统体育文化的"创造性转化"，要坚持实践标准，同时也要看其创新的力度能否解决中国体育文化发展过程中出现的新问题和新需求，能否回应中国体育文化在新时代提出的新课题和新挑战，能否转化为促进民族康健、建设体育强国的有益文化财富。只有创新，传承才能得以延续；没有创新，传承就成了腐木朽根、涸源断流。创新是传承的与时俱进，创新与传承是一体的、不可分离的。要通过转化创新，对中华优秀传统文化的内涵进行补充、拓展、完善，使其为当代中国体育文化在新的时代内涵和现代表现形式赋予上奠定基础，同时使中华优秀传统体育文化的当代价值为当代体育文化所取、为今人所用，并使其成为有利于解决当代中国体育现实问题的文化，有利于我们社会进步的为大众服务的公共文化。

三、城市传统体育文化的创新发展

改革开放以来，随着我国经济实力的增长，以及民族文化复兴、中国梦等宏大战略的实施，"文化作为国家自强之魂、自强之本、自强之源，占据了党和国家战略的'浪潮之巅'"。同时党和国家的文化理论构建使我国文化自信得到了彰显，这种文化自信的构筑图景则在当前我国倡导以文化大繁荣大发展为主线的文化强国建设过程中具有一定的引领作用和推广价值。诚然，城市传统体育文化创新发展要依托中国城市发展实际，在世界大开放、社会大发展、文化大繁荣的时代背景下，坚定地走自己的道路形成自己的特色，并广泛吸纳经济社会、体育旅游以及其他文化资源的优势，以振兴民族传统文化。

（一）城市传统体育文化创新与研究的主题与着力点

传统体育文化是一个国家和民族传统文化的维系体，文化在不断地进化，必然要牵动文化所维系的民族性、地域性、空间性，使之不断发展演化，在不断演化和变迁过程中，作为动态主体的人应该处理好城市文化与民间文化的能动关系、现代与传统的辩证关系、外来文化与本土文化的协同关系，保护文化的根本问题是让新文化有活力、有生命力，需要把握的是如何创造新的城市传统体育文化样本来适应当代城市文化。就如"拥有相似技术设备的社会也可能发展出不同的社会模式，因为环境可能差异到一种地步以至于文化适应不得不有所差异"。所以城市传统体育文化研究的主题与着力点包括以下几方面。

1. 文化生态适应与共生

首先，体育文化也是一种文化生态系统，它是由体育文化与体育环境相互关联而构成的有机统一体。其包含历史记忆、体育范畴、社会组织、风俗节庆、文化认同等，具有整体性、主体性、相关性、有序性等特性。这些有关联的文化生态系统之间，发生直接持续、直接文化接触，从而导致一方或双方原有文化模式发生变化。然后，从体育共生方面而言，不同国家、不同民族、不同文化、不同自然环境的体育文化共同筑起了"世界体育文化圈"主干。

其次，从民族、地域、制度、经济等不同维度划分出多个"体育亚文化圈"分支，然后这些文化圈以体育文化因子的形式相互依赖、相互影响、相互作用并共生发展。所以，以文化生态适应与共生系统为主题研究城市传统体育文化系统的内在联系，并强调文化适应和共生的渐变性、关联性和持续性，最终以国家文化、民族文化、体育文化等因子在城市文化环境中互相协调，以便能够在整体上进行保护和创新，延续历史文脉，增添发展的"底气"，真正融合传统体育文化与城市现代文明。

2. 统一与多样

一种文化适应生存环境，并与生存环境互存共生是有一定规律可循的。因此，文化的延续与共生也存在统一性的问题，这种适应不仅受到城市经济、社会发展，尤其是现代文化日新月异变化的影响，同时，无论是文化的交融互通，还是文化的选择和自我发展，都是以文化的多元性与多样性为前提的。如果文化多样性遭到破坏或者消失，必然会导致文化互存共生系统失衡。也正是由于文化的多元性与差异性的存在，构成了城市文化的多样性，同时文化的多元性需要人类与城市自然环境长期共同"和谐相处"，多种文化之间相互交流和融入，最终达到文化的共同创新进步，实现其平衡发展。因此，多样性是城市传统体育文化的特质，它体现了传统体育文化系统构成要素的复杂性、空间性和丰富性。

3. 稳态与变迁

文化的稳态性是一种文化的本体性存在的重要依据。而文化的变迁是一切文化传承和适应现象，并且这种文化传承和适应现象的实质正是文化与周围环境的不断适应，从而确保该文化的稳态延续与不断壮大。其内在逻辑就是人与社会共同作用的发展过程，传统体育文化资源的发展变迁也不例外。比如湘西地区苗族的跳鼓活动，它是具有强烈的民族性和民间性的活动，在漫长的历史演变进程中，以巫楚文化为背景的湘西苗族跳鼓不断吸收周边苗族和地区的文化，最终在相对的稳定中生存和发展下来。特别是中华人民共和国成立以来，随着社会经济不断发展变化，恪守传统的苗族群众走出村寨进入城市寻找机会，其生活方式、价值观都发生了不断发展变化，促使这种民族性的跳鼓逐渐在表现形式和内涵上都发生了变化，其不再局限于祭祖椎牛、狩猎饮食等各类信仰和民俗节庆活动中，而是扩展到日常生活、舞台展演、文化推广、经贸往来等众多领域，地域上俨然从部落村寨传播到城市等地区。

（二）城市传统体育文化的创新研究是时代发展的历史机遇

1. 城市传统体育文化创新发展成为提高中国文化软实力的重要一环

一个国家的文化"软实力"，从根本上取决于其核心价值观的生命力、凝聚力、感召力，它是维护这个国家文化安全乃至国家安全的重要战略屏障。而目前我国文化"软实力"现状表现在中国对于传统文化的传播和推介处于"原生态"状态；传统的文化资源优势未能充分转化为现实的强大生产力；语言文化、文艺展演、图书音像制品的出版等文化领域面临"文化亏空"；对于中国传统文化的形象认知存在偏差，忽视对厚重的传统文化资源进行创新和改造。

此外，由于时代变迁，传承民族基因、铸就民族之魂的传统文化在社会自然发展中不断流失，成为民族文化安全的威胁，文化的传承保护迫在眉睫。当代世界局势发生翻天覆地的变化，各种利益相互交错，各种文化相互碰撞；在日新月异的世界大不同中，各种思想交锋成为当前世界文化新的战场，国家文化安全成为越来越突出的问题，国际影响力也成为各个国家文化交流的重点。一是如何加强中华民族共同体意识，且不断加强中华民族的文化自觉意识和内在凝聚力，是中国能否成为文化大国的关键。二是建设社会主义文化强国、展示中华文化独特魅力、传播现代中国的价值观念、提高国际话语权是提高国家文化软实力的根本指引。三是中国城市传统体育文化发展成了支撑中国文化强国梦想成真的重要一环。

2. 城市化进程要求传统体育文化跟上时代的脚步

"体育是社会发展和人类进步的一个标志，体育事业的发展水平是一个国家综合国力和社会文明的重要体现"。我国城市传统体育文化，作为城市文明的重要组成部分，在凸显现代城市的内涵中具有独特的作用。进入城市，这些传统体育的视野更加开阔，它不单单具有强身健体的功效，在现代社会中，还表现为娱乐、休闲、交流等促进社会精神文明建设的作用，这是由群众性体育文化健康、积极、文明、理性等人文精神决定的。所以，大力发展群众性体育文化，将有利于净化社会风气、改变市民落后的生活方式和思想观念、提升城市人口素质、促进先进城市文化的发展、构建和谐社会。伴随着经济、政治和社会的发展，群众性体育文化已经逐渐成为很多城市的品牌，对提高城市的知名度和品位发挥着特殊的作用。例如潍坊风筝节、郑州国际少林武术节、上海苏州河龙舟竞渡、泰安的泰山登高节、内蒙古的那达慕大会、西藏羌塘赛马节、贵州摔跤节等传统体育文化活动无不为城市带来活力，成为城市发展的一张名片。与此同时，传统体育文化在内容和形式上做到与时俱进，才能适应飞速发展的城市化进程，这就需要在创新研究过程中寻求答案。

3. 奥林匹克运动的全球化趋势促使城市传统体育文化发展进行自我审视

21世纪是文化大变迁和城市化"大跃进"的世纪，对于城市传统体育文化亦是如此。由于西方工业文明带来的经济、军事、金融、网络等领域的巨大优势，全球诸多领域呈现出西方的单极化。尤其是在体育文化领域，伴随着奥林匹克运动热潮席卷全球，处在发达工业背景下的西方现代体育文化则成为"强势文化"。总体上处于劣势地位的发展中国家在本国体育文化发展和安全上面临严峻挑战。

由此显现出传统体育文化地位的日渐显现和形势的严峻，这要求我们必须重新审视中国传统体育文化的现状，以积极的姿态和创新精神推动我国传统体育文化与城市化进程中的与时俱进。能否推进城市传统体育文化创新，则体现了一个国家和民族能否适应时代潮流，也在很大程度上决定着国家与民族在世界综合国力竞争中的地位，以及未来的民族体育文化命运和民族文化精神归属感。传统体育文化的城市化创新不是孤立的文化变迁现象，而是社会、经济、政治、文化等变革的必然要求。"现代化的每一历史投入，无论采取什么形式，最终都将文化层面的问题突显到醒目的位置。"

在中国的社会经济发展过程中，社会主义市场经济正逐步走向成熟完善，这必然要求发展与之相适应的新型城市化传统体育文化，而传统体育文化观念和文化体制的明显滞后，束缚和制约了社会主义市场经济体制下城市体育的现代化发展。因此，推动城市传统体育文化领域的改革与创新，已经成为进一步深化文化改革和促进全民体育快速发展的必然选择，也是实现中国体育文化现代化和健康中国的必由之路。

4.创造性转化和创新性发展是城市传统体育文化生命力的保证

具有民族历史、精神、情感、凝聚力、向心力等重要表征的传统体育文化是中华灿烂文化的重要组成部分。在漫长的演进过程中逐渐嵌入了城市文化的发展基因，这是对城市文化的认同感和归属感的体现；是展示民族文化、凝聚民族精神的象征。这些传统体育是时代发展和文化交汇的产物，也是承载传统文化的重要载体之一。作为传承传统文化的基因，延续中华文化的根脉，城市传统体育文化反映了民众不同的心理需求与价值取向，这也体现了城市文化的人文价值、经济价值、健身价值。

如今，城市传统体育文化的创造性转化和创新性发展，不仅仅只是一个号召、一个尚不可及的远景，而是在现实生活中随时随处发生的充满活力的时代大潮。面对城市文化的创新发展，植根千年文化，融入数字时代，步入千家万户，历久弥新的传统体育文化焕发出欣欣向荣的生命力，这不仅延续了人们强身健体、延年益寿的生活习惯，更包含了对中华传统体育的文化认同与传承。例如扎根在广东的咏春拳，是国家非物质文化遗产代表性项目，其年逾七旬的传承人与健身团体展开合作，通过公益推广，将这一曾经流传于民间的传统拳术全盘地引入现代化城市的人群中，让城市中更多的人接触这种拳术，在修心养性、习武防身、磨炼意志的同时，也逐渐成为民间传统体育文化的传承者。再如，风筝、舞狮、龙舟竞技等传统体育项目早已扎根在城市各个群体中，不仅参与者陆续增加，而且项目的赛事组织和管理渐成规模；太极拳、八段锦、毽球、抖空竹、五禽戏的习练人群更是遍布城市的各个角落，各族群众受益匪浅。传统体育文化的创新发展在新的城市发展环境变迁下，不能只停留在"低水平维系、圈起来保护"的制度层面，只有大力加强城市文化中的传统体育项目的创新、改良和普及，才能跟上城市发展的脚步，一同发展和延续。因此，无论是发挥传统体育在全民健身中的作用，还是与城市现代化建设的融汇发展，都会推动传统体育文化的创造性转化和创新性发展。

（三）推进城市传统体育文化创新发展的具体措施

推进城市传统体育文化创新发展的意义就是其指向性和操作性，也就是传统体育文化对所处的城市环境关系的重新定位，并根据内外环境变化做出适应和调整。从实践的角度来说，主要通过以下措施来推进城市传统体育文化的创新发展。

1.构建观念认同、公众认同、现实可行的城市传统体育文化

首先，传统体育的魅力在于其悠久的历史和厚重的文化承载，我国地域广泛、民族众多、风俗节庆多，相应的传统体育项目丰富多彩，各地的传统体育文化和项目深受地域文

化的熏陶和洗礼，从而表现出有特色且多样化的文化内涵和底蕴。

其次，调查研究城市文化特征，找准定位，突出城市文化个性，有效强化公众认同，通过传统体育文化提升城市品牌知名度的同时构建起能够体现城市战略方向和城市文化建设目标，从而引导内部和外部观念认同的传统体育文化心理需求和价值取向，由此定位行为规范、视觉表现、品牌管理并现实可行的本城市个性化形象和优势，并对公众个体行为起到规范引导作用，推动整个城市文化健康文明发展。

2. 完善传统体育文化法治建设体系，保障政策法规规范实施

无论是政府机构的宏观指导还是市场的导向作用，城市传统体育文化的创新发展都离不开政策法规的引导和基本保障。虽然我国的体育事业走向法治建设阶段，但是一些传统体育领域受重视程度不够，缺少政策制度的保障，严重阻碍了其传承发展。所以，应该重视弥补政策法规的不足，完善体育发展建设体系。同时，也要保障政策法规的实施和落实，建立健全监督检查机制，共同监督政策法规的落实过程和效果。

3. 整合传统体育文化资源的传播与产业开发

首先，城市的现代化发展为我国传统体育资源的创新发展提供了优良的生态发展环境。尤其近年来，众多体育产业发展的起步，使得传统体育产业的开发紧随城市发展的步伐，整合传统体育产业资源，制订长远规划方案，走与市场结合道路。

其次，随着城市文化生活水平日益提高，人们需要多元化的体育休闲项目来充实文化生活和强身健体，调查了解民众市场需求情况，紧跟市场经济发展变化，创造出更受城市民众欢迎的传统体育活动。大多数城市民众对于传统体育的态度还存在落差，尤其一些刚起步的新体育项目在现代化的城市或国际舞台上缺乏大众的关注，所以应加快节奏以适应市场发展，包括政府支持打造城市传统体育文化国际化旅游路线、大力挖掘传统体育文化资源、打造城市民间文化品牌成为发挥城市民间文化资源，营造城市传统体育文化立体、全方位交流互动的可行方略，开辟出传统体育发展的沃土和空间。

4. 重视传统体育文化人才培养、场地设施建设和资金保障

随着时代进步发展，传统体育的创新发展应该解放思想，引进与时俱进的创新思路，注重培养思想开放、理念新颖的传统体育人才，所以在传统体育在城市发展的道路上，建设学校和社区协同培养人才的基地，打造一支专业的人才管理队伍，培养一批高水平、高素质的传统体育传承人才。同时要加强传统体育文化场地设施建设，巩固传统体育在城市发展的基础保障，形成稳定的传统体育文化生态硬件环境；另外，要确保政府部门对城市传统体育的财政投入稳定，解决传统体育创新发展的后顾之忧，奠定传统体育开发和产业化经营的基石；最后，政府要重视对社会组织和民间力量的扶持，遵循城市发展规律，参与市场开发竞争，积极吸纳多元化的社会资本参与投资，使其成为城市传统体育文化主要推动力量，使传统体育卓有成效地向前发展。

第三节 传统体育文化的现代性转型

一、传统体育文化现代性转型的反思

传统体育文化现代性转型不仅仅是时间意义上传统的总结或是现代的开始，而且是指向未来的，是对过去的、传统的某种更新和超越。文化在变迁过程中，会根据自身实际自主选择适合自己的现代性道路的特性，就是文化的自主现代性或现代性的自主性（autonomie）。这种自主性是人类在处理自身与他物关系时所表现出的自我主动性、自我主导性、自我决定性等主体性特征，这是人的本质特征之一。因此，传统体育文化现代性转型并不应只停留在"应激—反应"的本能阶段。

"任一文化的现代化，都是自己传统的现代化；任一现代化的文化，都包含自己的传统在内。"文化的核心来自历史传统，从文化进化的意义上可以把文化的传统视为社会创造和再创造自身的"遗传密码"。传统体育文化在现代性转型过程中，包含了对已有文化"遗传密码"的"破"和"立"，特别是在对现实批判性的认识中，加快构建出符合时代精神的意识、观念，充分反映中国特色、民族特性、时代特征的价值体系。

一个民族的复兴不仅需要强大的物质力量，也需要强大的精神力量。没有先进文化的积极引领，没有人民精神世界的极大丰富，没有民族精神力量的不断增强，一个国家、一个民族不可能屹立于世界民族之林。中国特色社会主义文化，源自中华民族五千多年文明历史孕育的中华优秀传统文化，熔铸于党领导人民在革命、建设、改革中创造的革命文化和社会主义先进文化，根植于中国特色社会主义伟大实践，成为激励全党全国各族人民奋勇前进的强大精神力量。这种文化精神力量使国民能够发出振聋发聩的"奥运三问"、提出"强国强种"的夙愿，能够在改革开放之初凝练出"团结奋斗、顽强拼搏、勇攀高峰、为国争光"的中国女排精神，能够通过北京奥运会的成功举办将世界华人紧紧凝聚在一起。这就是我国传统体育文化中蕴含的独特自主性价值。同时，在传统体育文化现代性转型进程中，也不可避免地遇见各种各样的矛盾和困难，诸如20世纪二三十年代发生在我国的"土洋体育之争"，以及当下在全球化进程中我国体育文化受到各种冲击，这些传统体育文化现代性转型中出现的情景性非理性、语境性非理性、文化性非理性、民族中心主义等，都会影响人们的思想，妨碍人们的努力。而人们面对它的局限性时却常常表现得无能为力或无法超越。

从理论上讲，文化自身具有的先进性可以把这些非理性压缩到最低限度。因为，文化的先进性具有适应和推动社会生产力发展的重要特征。同时，文化作为观念形态和精神灵魂的东西，在特定情况下可以克服外来消极因素的影响，它在发展过程中不断修正自己，不断更新和完善自身。

因此，在传统体育文化现代性转型中，不仅要认识到外在与内在的矛盾运动是现代性转型的动力，更要挖掘并发挥传统体育文化与当代主流文化相适应、与现代社会相协调的自主性，并以文化内在自主性来实现传统体育文化在新的历史环境中现代性转型的引领。

二、新时代传统体育文化现代性转型的立场

（一）新时代传统体育文化现代性转型的基本遵循

新时代传统体育文化现代性转型是传统体育文化在新的世界体系出现时带来的新思潮新变化的语境中，与中国特色社会主义现代化紧密相关的思维方式、行为方式、思想立场和精神气质，与经济社会全球化相协调相匹配的一整套思想观念、价值体系和生存模式。"不数既往，不能知将来；不求远因，不能明近果。"这就是我国传统体育文化现代性转型的根本遵循。

"本来"是一种人的历史存在，历史就是人的活动。可以说，"本来"是人与文化关系的历史构成。在文化生态时代，"不忘本来"就是要求文化建设必须尊重人存在的历史文化基础，并以此为基础，以"有利于促进人的全面发展，有利于增进社会认同与和解，有利于推动体育、文化与社会协调发展，有利于增强国家软实力和综合国力"作为传统体育文化现代性转型价值取向的根本判断标准，去实现新的秩序与传统的和谐统一。具体到个体层面，表现为体育文化对人的生命价值的意义的探究；在社会层面，表现为大众对体育文化的消费态度、行为与习惯现代化转型；在国家层面，则需要体育文化与我国"五位一体"发展战略的价值耦合。

（二）对中华传统文化先进性的坚守

党的十九大明确了中国特色社会主义进入新时代，我国社会主要矛盾已经转化为人民日益增长的美好生活需要和不平衡不充分的发展之间的矛盾。只有人民群众有了良好的健康水平和生活品质，才有对美好生活追求的坚实基础。在马克思主义强调的"人的全面发展是社会进步的核心"这一理念引领下，传统体育文化现代性转型的价值取向更加明确，即"坚持发展以人民为中心的体育"。"以人为本"，人民作为发展体育事业的主体，建设体育强国的根本目的在于让全体人民都参与进来，进而提高全民族、全社会的健康水平和生活品质，更好推动人的全面发展、社会全面进步，这是中华传统文化的实质。

中华民族能够在几千年的历史长河中生生不息、薪火相传、顽强发展、不断实现自我超越，很重要的一个原因就是"对人生命价值的回归"的精神追求、精神特质和精神脉络。传统体育文化体现了黄土地上劳动人民最朴素的生活方式和态度，属于最贴近百姓日常生活的一种文化习惯，百姓经年受用并相互传递，衍化为民众的美好生活愿望和精神寄

托。传统体育文化普遍存在天人合一、以和为贵的精神，将天人相应的世界观、上下相依的伦理观融为一体，倡导人们取大义、以集体利益为重，强调天地人三者之间的和谐统一。可以说，优秀的传统体育文化始终践行中华民族厚德载物、居安思危、乐天知足、崇尚礼仪等基本特征和基本精神。

中华文化精神以内在的思维方式、价值取向、观念信仰、民族心理等表达了人类对真、善、美、义、利等的价值追求，这是中华民族在历史长河中创造性地沉淀出来的精神品质、道德情操、文化品位和审美意趣，是中华所有历史文化的核心，也是中华传统文化先进性的体现。中国传统体育文化中蕴含了大量的中华民族优秀文化基因，通过日常生产生活植根于中国人的内心，潜移默化地影响中国人的思想方式和行为方式，对塑造民族形象、凝聚民族力量同样具有重要意义。

（三）应对现实问题的应有之义

在全球化进程中，我国传统体育文化受奥运会、足球世界杯、世锦赛、NBA 等不同形式赛事文化以及旅游休闲、户外探险、极限运动等新兴体育文化的冲击，其"高语境文化"正在受到前所未有的挑战：为什么需要团队合作的体育项目能够长期保持领先？如何克服竞技体育"团队项目悖论"？ ……这些都是我国从体育大国走向体育强国征程中遇到的一个接连一个现实而具体的问题和矛盾。

传统文化的内在结构给人类带来了秩序与意义，并维持着薪火相传的"文化基因"的稳定性。但历史发生文化变迁，传统随之发生"变异"或"断裂"，社会也会出现各种失范现象和行为。只有这种对社会行为具有规范作用和道德感召力的文化力量，在对传统体育文化"失范"现象进行批判的同时，才能唤醒其中遗存的传统文化基因，促使其与时代特质进行"重构"，使得中华民族传统文化现代性转型后更具有旺盛传承力。

在世界多极化、经济全球化、社会信息化、文化多样化的大发展大变革大调整所带来的新思潮新变化的语境中，传统文化面临价值取向转型的极大挑战。进入新时代，人们对美好生活的向往、对高品质健康生活的追求，是对"人应该怎样生存"的积极回应，也必将成为现阶段我国体育文化现代性转型发展的重要指导。

三、新时代传统体育文化现代性转型的实现

新时代文化思想明确了新时代中国特色社会主义文化的前进方向、奋斗目标，指导传统体育文化现代性转型时不脱离实践，在重构现代文化生态体系中进行文化再创造，创造出符合我国国情、满足人民健身运动需要、切中社会发展的体育文化精品。

（一）在比较借鉴中实现传统体育文化现代性成功转型

在全球化的形势下，面对不同文化的交往、冲突，求同存异既是一种态度，也是一种方法。在当代中国的文化转型与价值重构的过程中，求同存异是必要的实现路径。

由于文化发展背景迥异，差异是必然存在的，文化发展的速度和效果也是不同的。中华传统体育文化的发展就是在比较中取长补短、博采众长而发展起来的。只有承认不同文化的差异，才能实现不同文化的共存共生、相互借鉴、共同发展。只有在尊重差异的基础上，才能正确看待不足，才能实现传统体育文化真正的发展和前进。

中华传统体育文化通过与异质文化的比较，对历史上的中外文化资源、现实的文化处境和未来的文化发展方向都有清醒的认识和客观的评价，充分利用传统体育文化传播体系，加强与各种文化的交流与合作，平等地展开对话和沟通，彼此之间逐层深入地化解隔阂和误解，在实现自身文化发展的同时，也促进世界各国、各民族文化的创新发展。求同存异的目标是"和而不同""共存共赢"，进而实现传统体育文化现代性的价值目标。

（二）在继承的基础上进行传统体育文化创新发展

中华文化源远流长，积淀了中华民族最深层的精神追求，代表了中华民族独特的精神标识，为中华民族生生不息、发展壮大提供了丰厚滋养。我国传统体育文化蕴含丰富的思想、哲学、审美、艺术资源。在现代性转型时，了解传统体育文化的历史渊源、发展脉络、基本走向，理解传统体育文化的独特创造、价值理念、鲜明特色，能增强文化自信和价值观自信。要对传统体育文化进行甄别、梳理、精选出其中有价值的价值理念、道德规范等并予以继承。要认真汲取中华优秀传统体育文化的思想精华和道德精髓，深入挖掘中华优秀传统文化中讲仁爱、重民本、守诚信、崇正义、尚和合、求大同的时代价值，使中华优秀传统体育文化成为涵养社会主义核心价值观的重要源泉之一。要大力弘扬以爱国主义为核心的民族精神和以改革创新为核心的时代精神，将传统注入时代内容，并通过文化创新来发展传统，努力用中华民族创造的一切精神财富来以文化人、以文育人。

（三）在教育传播中丰富传统体育文化现代性的内涵

以重大赛事的举办或参加为契机，通过学校教育、理论研究、历史研究、影视作品、文学作品等多种方式，讲好中国体育故事，加强爱国主义、集体主义、社会主义教育，引导我国人民树立正确的历史观、民族观、国家观、文化观，增强做中国人的骨气和底气。构建中国特色社会主义文化传播体系，在传播中华体育文化精神的过程中，促进传统体育文化现代性内涵的现实传播效果。中华优秀传统文化是中华民族的突出优势，是发展进步最深厚的文化动力。通过传播，向世界宣示在凝聚中华体育文化当代精神过程中，体育文化所植根的中华文化沃土、所反映的中国人民意愿、所适应的中国和时代发展进步要求以及中华民族最深沉的精神追求，展现传统体育文化现代性转型的深厚历史渊源和广泛现实基础，增强对外话语的创造力、感召力、公信力，提升我国的国际影响力。

（四）在满足人民群众对美好生活的向往中实现传统体育文化现代性转型的价值

回归文化的本质就是一种生产生活方式。因此，在实现传统体育文化现代性转型进程中，要使体育文化回归人民群众的日常生产生活实践中。通过树立起"体育即民生"理念，倡导"体育文化生活化"，使传统体育文化现代性转型紧紧围绕满足人民日益增长的美好生活需要，让群众切身感受传统体育文化现代性转型给其健康生活带来的变化。

进入新时代，健康不仅是人民群众对美好生活向往的重要内容，也是基本前提。作为现代体育文化的主要内容之一，就是满足群众日益增长的个性化健身需求，提高人民健康生活的知识储备，配合"健身路径"，开发"智慧体质监测及运动处方"系统，为群众提供更科学合理的健身方式，从而将体育真正以一种生活习惯、生活态度融入寻常百姓衣食住行中，将核心健身动作要素融于群众坐卧行走等日常生活行为中。让全民共享我国体育发展成果，以此提高国民整体的身体素质、心理素质、道德素质、文化素质，促进国民的获得感和幸福指数的提升。此外，还可以通过大数据分析，准确掌握我国体育事业发展的短板，为体育事业供给侧结构性改革和优化提供精准数据支撑，提高体育公共资源供给的精准化和集约化，解决人民群众体育健身实际需求和资源供给不足之间的矛盾，进而提高体育文化惠民的管理和服务水平。

第五章　传统体育文化的实证研究

第一节　传统体育文化的田野调查

传统体育文化的田野调查是对传统体育文化进行实证研究的一种方法，旨在深入了解传统体育文化的实际运作情况、社会背景和文化内涵。田野调查主要通过实地走访、访谈、观察和文献搜集等方式，对传统体育文化相关的人群、社会组织、场所、活动和文化符号等进行全面、系统、深入的调查和研究。

传统体育文化的田野调查可以帮助研究者深入了解传统体育文化的实际运作情况、发展趋势和面临的挑战。通过田野调查可以了解传统体育文化的传承方式、传承人群、传承场所、传承活动等方面的情况，还可以了解传统体育文化与社会文化、历史文化的关系，以及其对社会发展、文化传承等方面的影响。此外，田野调查还可以为制定传统体育文化保护、传承和创新发展的策略提供基础数据和实证依据。需要注意的是，传统体育文化的田野调查需要充分尊重当地文化传统和民俗习惯，遵循研究伦理规范，确保研究的科学性和准确性。同时，还要注意在调查过程中保护调查对象的隐私和知情权，防止对调查对象造成不良影响。

一、传统体育文化的田野调查的方法

传统体育文化的田野调查是一种深入了解传统体育文化的实际运作情况、社会背景和文化内涵的方法。以下是传统体育文化的田野调查的一些常用方法：

实地走访：通过实地走访传统体育文化相关的场所和社区，直接观察和了解当地的传统体育文化活动和组织形式。

访谈：通过与传统体育文化相关的人群、组织、专家等进行深入访谈，了解其对传统体育文化的认识、态度、体验和传承情况等。

观察：通过对传统体育文化相关的场所、活动和文化符号等进行观察和分析，深入了

解其文化内涵、历史渊源、意义等方面的信息。

文献搜集：通过收集和分析传统体育文化相关的历史文献、资料、图片、音视频等信息，深入了解传统体育文化的演变历程、文化传承和发展趋势等方面的情况。

实践体验：通过参与传统体育文化相关的活动和实践，深入了解其文化内涵、意义和体验价值等方面的信息。

以上方法可以相互结合，以便更全面、深入地了解传统体育文化的实际情况和文化内涵。需要注意的是，在进行田野调查时应尊重当地文化传统和民俗习惯，同时遵循研究伦理规范，确保研究的科学性和准确性。

二、传统体育文化的田野调查的意义

传统体育文化的田野调查可以帮助研究者深入了解当地传统体育文化的真实情况和特点，发现和记录传统体育文化的历史沿革、发展现状、变迁原因等相关信息。通过实地调查和访谈，可以收集到许多珍贵的口头和书面资料，如传统体育项目的技艺、规则、传承方式、习俗和礼仪等，这些资料能够在一定程度上反映传统体育文化的本质和特征。此外，田野调查也有利于了解当地传统体育文化的传承现状和面临的挑战，为传统体育文化的保护和发展提供有价值的参考。

第二节　传统体育文化的案例研究

一、案例概述

龙文化是中华民族传统文化的代表，对我们民族的影响延续了几千年。有资料记载，龙文化已有 6000 余年的历史，神州大地的各族人民都有自己的"龙崇拜"，不同地区有不同的舞龙文化，耳熟能详的有：高跷龙舞、舞龙头、舞麻龙、舞草龙、香火龙。长兴的百叶龙就是浙江省传统体育文化代表之一，因其独特艺术特征和文化价值享誉海内外。因为由"百叶"制成（这里所说百叶指的是荷花瓣，整条龙是由几百片荷花组成），故得名百叶龙。由百片荷瓣组成的巨龙，在翠绿荷叶似彩云的装饰下，仰卧翻转、腾飞而起，给人以美不胜收的艺术享受。但随着社会的进步和经济的提高，流行于长三角经济发展较快地区的长兴百叶龙，在传承发展上陷入了瓶颈期，高度发达的经济建设并没有为其传承与发展带来相应的成长，加之西方主流体育文化传播的影响与我国传统体育文化发展的滞后，导致大环境下民族文化认同感不强、产业化发展体系不完善、现代化创新意识缺失等问题，这使得百叶龙的发展迎来了前所未有的挑战和冲击。因此，深度挖掘百叶龙潜在的文化底蕴，提炼与文化自信相适应的时代价值，探寻其传承发展过程中的相应问题，对长兴百叶龙的未来发展及自身理论体系的完善具有重要的理论意义与实践价值。

二、研究对象与方法

（一）研究对象

本文以百叶龙的传承发展路径为研究对象；调研及访谈的对象包括：百叶龙的传承人、天平村的部分村民、百叶龙演出公司及当地政府从事文化事业的相关工作人员。

（二）研究方法

1. 文献资料法

利用中国知网、万方学术期刊网等在线学术检索平台搜集"文化自信""民俗体育文化""舞龙文化""文化记忆""身份认同"等方面的相关专著和文献资料研究成果，取得相关研究理论知识，并对已经取得研究成果的民俗舞龙文化进行文本分析，结合收集的百叶龙资料，找出百叶龙符合时代价值的契机和对推进文化自信工作的参考。

2. 实地调查法

对百叶龙产地的长兴县进行实地调查，参观长兴县博物馆与图书馆、湖州市博物馆与图书馆，并前往长兴县天平桥村进行实地考察了解当地的风俗习惯与地理条件，深度挖掘百叶龙所蕴含的人文精神和时代价值，获取第一手原始资料，为论文的深入分析做好实证支撑。

3. 口述史访谈法

用口述历史的方法对百叶龙传承人和相关从业者进行深度的访谈。访谈前应做好准备，详细了解访谈内容并制定访谈提纲，访谈完成后要与被访谈人核实访谈内容，保证访谈结果真实且有据可依。

4. 逻辑分析法

对所收集的相关专著和文献资料进行系统分析，对百叶龙进行原产地实地调查和传承者等口述史访谈时收集到的实证资料整理进行分类，最后在研究资料收集工作完成后再进行系统分析，得出相关结论与启示。

三、研究结果与分析

（一）长兴百叶龙的源流回溯

1. 长兴百叶龙的起源

长兴县，古称长城，因城墙狭长而得名。它背靠太湖，与苏皖两省交界，素有"南太湖明珠"和"东南望县"的美誉。辖区内地形起伏较大，西部高东部低，有"七山两水一分田"的说法。受自然环境多样性的影响，形成别具一格的民风民俗。其中，最有代表性的民俗要数"长兴百叶龙"。它是舞龙家族极为特殊的组成部分，其完美融合了舞蹈与舞龙，呈现出江南水乡独特的文化特色，因此得名"中华最美龙舞"。

百叶龙，也叫化龙灯或花龙灯。如果从"化"或"花"出发，就能清楚地了解百叶龙表演的精髓所在。"化"就是"变化"，"花"是"荷花"，通过荷花样态的变化联结成一条龙。"百叶龙"的名字，是为了突出艺术性的色彩而后来加上的。并不是说名字是凭空捏造的，确实有"百叶"，只不过叶子是由荷花的花瓣组合而成的。每一朵荷花有九层花瓣，每层又有九只花片，撑开就会变成一段龙身，一朵朵荷花连接起来就是一条粉红色长龙，故得名"百叶龙"。

关于百叶龙的起源，民间有两种不同的声音。

其一，百叶龙源于神话传说，与百叶和荷花的爱情故事有关。尽管民间流传着许多关于百叶龙的神话故事，但是各个版本都有相似之处。以百叶和荷花两位主角的爱情故事为原型，两人结婚后，百叶怀胎三年之久才生下一子，因孩子长相怪异受到族人排挤。两人把孩子放在荷花塘中的小木盆里悉心照料，长大后，孩子幻化成一条"巨龙"飞上天了。为了报恩，每逢久旱或者洪涝之时，神龙就会翻云播雨，解决人们生产和生活的苦恼。

其二，百叶龙从安吉县上舍村传来，以民间百叶龙的故事为题材改造加工而成。花龙灯最初是用一盏盏纸扎的花篮灯，花瓶灯走四角阵后，绵延相衔接串舞成龙形。至清朝道光年间，安吉上舍村艺人杨九林（也有人说是：姚申福）对该村的花龙灯做了突破性的改进，着重在"变"字上下功夫，使每一种花灯都具有两种形象。例如聚宝盆翻过来变成龙头、荷花灯相连即变成龙身、蝙蝠灯翻过来变成龙尾、寿桃灯翻过来变成龙珠。十二只花瓶（每只由两半合成）翻开变成云片，使原本一览无余、自然衔接的花龙灯变成进门是花灯、出门是龙灯的形式，并改名为"化龙灯"。据王秋如老人回忆说："百叶龙和上舍村的花龙灯确实存在许多相似之处。1956年两个地方都派队伍去杭州演出，他们的舞龙是展出，我们是真舞。"经过经数代艺人的改进，原先的花灯相衔接恍若游龙，逐渐演变为由荷花瓣组成的"百叶龙"。

龙的渊源与中国图腾的龙文化有密切关系，可谓从龙文化中孕育繁衍而形成的，先有龙的图腾，再产生龙的习俗，衍生出龙的文化，进而繁衍成龙的表演艺术活动——舞龙。在天平桥村，有以"龙"命名的地名或建筑。比如"龙山""龙桥"等。离村子不远处，有一座海拔两百多米的山，当地人称为"龙山"。与"龙山"相对称的，是泗安塘上的"龙桥"。这名字是怎么来的呢？当地百姓说，只要山顶出现云雾，必会下雨。加上山的外形起起伏伏，好似一座盘绕山腰之间的巨龙。因此，人们就会联想是"龙"的化身。而在村子周围有许许多多的荷塘，站在湖边，看着亭亭玉立的荷叶和含苞待放的荷花，脑海里就会浮现出"百叶与荷花"的故事。

在天平桥村先有关于龙的龙山信仰，后创造出百叶龙美丽传说。经过一代代人的生产与实践，把舞龙与"祈雨"相结合，渐渐形成舞龙的习俗。民间流传着众多关于百叶龙的故事，并非仅仅满足观众涉猎的爱好，对于百叶龙传承群体来说，是极其珍贵的创作素材。百叶龙与其他舞龙样式不同，既有舞蹈元素，又融入舞龙的部分。因此，需要有剧本来支撑，通过舞蹈编排反映主题。百叶龙的创作主题从"飞龙在天"的祈神求雨仪式，回归到"江南水乡"的主题，追求人与自然的和谐。如今，又需要融入新的元素，才能适应观众的审美情趣。

2. 长兴百叶龙的流与变

"流变"即历时较久的变化。马特·里德利认为："演变是一个故事，讲述世事如何变迁。包括人类制度、人工制品和习惯的改变，是渐进的、必然的、不可抵挡的。"民俗文化的变迁和发展，是一种文化基因式纵向代际的传递与横向平面上的散播和扩布共同影响的结果。从历史的维度来说，百叶龙的创作主题经历了三次较大的变革，即"祭神求雨"的信仰仪式、"与民同乐"的艺术呈现和"回归自然"的时代旋律。从共时的维度来说，多元传承组织的出现，也伴随着多元传承方式的产生。

祭神求雨的信仰仪式（20世纪50年代前）。百叶龙以"娱神娱人"为主，与农业生产密切关联，有浓厚的信仰色彩。百叶龙诞生之初，村民手拿花灯，边跳边舞。随后，将花灯串联起来，这是百叶龙的雏形。受自然条件影响，农业生产具有风险性、季节更替的特点，一定程度上给民间舞龙提供了时间和空间上的保证。通常百叶龙表演在秋末冬初举行，一直持续至农历二月初二（龙抬头）。天平桥村有"收灯"的习俗，每年要重新制龙，一般要扎制两三月才能成型。春节期间，附近的村子会邀请百叶龙队伍表演，人们希望龙从自家门前经过，想方设法把队伍吸引过来。队伍行进过程中，有阵势和规矩要求，通常走长蛇阵且不可回头或走原路。农历二月初二以后，预示着农业生产开始，就很少再舞。除非赶上夏季遭遇旱涝灾害，才会举行舞龙仪式，完全是"请龙消灾"。

"与民同乐"的艺术呈现（20世纪50年代初至70年代末）。百叶龙主要以民间娱乐为主，有时也参与演出。百叶龙道具"变"的特征以及舞龙与舞蹈融合的创作思路基本形成，并延续至今。前文提到，百叶龙道具有双重功能，就是说每种道具能呈现两种不同的样态。1950年，长兴县文化馆余伯忠和天平桥村村民对百叶龙进行加工和艺术创作。以"百叶与荷花"的故事题材为原型，在舞龙道具、音乐、编排等方面进行创新，突出"飞龙在天"的精神追求。龙身是荷花，龙尾改为彩蝶，花灯改为云牌。在舞蹈动作上，突出游、滚、睡、卧、腾等动作，并配上江南的民间小调。

"回归自然"的时代旋律（20世纪80年代后）。改革开放以后，受城市化和社会变迁的影响，百叶龙迫切要求与社会变革保持一致。为了顺应时代潮流，把云牌改为荷叶，舞台表演融入声、光、电等元素，呈现出立体的效果。采用音乐伴奏，突出江南水乡人与自然和谐共生的主题。百叶龙表演方式没有固定的形式，皆因演员人数、场地、设备等条件灵活应变。2000年以后，学界兴起"传统文化"复兴的思潮，加上商业资本的强力介入，百叶龙加入"非遗"传承与保护的大军中。2004年，长兴县成立12个百叶龙艺术培训基地，同年举办首届百叶龙艺术大赛，组成 15 条龙，共有 457 名演员。2005 年，商业性质的百叶龙艺术团成立，由此，百叶龙形成民间、学校和商业传承并存的多元格局。2003年，百叶龙第一次走出国门，访问新西兰。随后，出访巴黎等地。2006 年，入选第一批国家非物质文化遗产名录，百叶龙的文化价值得到社会认可和肯定。

在"非遗"保护思潮之下，百叶龙出现多元的传承组织。传承方式虽与传承组织并无直接关联，但是传承组织需要依靠相对稳定的人际关系结成团体，表现出一种相对稳定的传承方式。现代传媒技术的广泛应用，打破了时空的界线，民间、学校和商业互动更加频繁。可是，开放也意味着风险增加，利益冲突在所难免。民间传承组织受功利主义和个人诉求的影响，传承组织依赖的原生环境快速变迁，再加上"同行"竞争，传承力日益虚弱，有失传的风险。学校传承依靠师资力量的优势，渐渐成为百叶龙传承最主要的力量。从百叶龙学校来说，由 7 所减至 2 所，学校传承环境值得担忧。商业传承发展迅猛，有大包大揽之势。出现这种现象的原因是什么？政府应该扮演什么角色？如何平衡和协调三者的关系？这些成为亟待解决的问题。

传统传承和现代传承并不是单向度线性发展的，是同时存在和实践的两条平行双向度传承轨道，构成当代传承同一体系的两种不同形式。各种传承方式和媒介，纵向和横向同时进行，族内传承和族际传播并存。纵观百叶龙发展历史，几经浮沉，仍然保持顽强的生命力。中华人民共和国成立之初，百叶龙经过改造，受邀进京演出，取得极大成功。在20 世纪六七十年代，百叶龙遭到破坏。改革开放之后，百叶龙在民间艺人的记忆下被重构出来。政治和商业资本介入，整个百叶龙传承环境急剧变化，民间传承空间日益萎缩，若不重视，真可谓"明日黄花"。正如民间传承人所言："百叶龙若不进行变革，必然走向终点。"百叶龙如何变革？其出路又在哪呢？百叶龙的传承和保护由民间自我传承，因为受到更多民众关注成为一种文化资源，需要发动全社会的力量共同参与。在新时代，学校教育渐渐成为百叶龙传承新的源地，加上商业价值的开发，百叶龙的传承与发展出现多元的色彩。同样，也因为学校、商业组织出现，民间传承愈加艰难。百叶龙源于民间，当然也要在民间得到保护和传承。

3.百叶龙的"地域""形式"文化本源

通过调查研究发现，中华人民共和国成立至今，百叶龙取得很多荣誉，博得海内外朋友的赞誉，其原因主要在于百叶龙有独特魅力和历史底蕴，因此深层次认识百叶龙的本体更具有实际意义，以下分别从"地域""形式"两个方面对百叶龙进行全面的剖析。

（1）长兴百叶龙地域上的审美特征

从外形上研究百叶龙地域上的审美特征。地域因素可以说是影响一个地方文化最关键的因素之一。长兴县位于浙江省的最北端，与苏、皖两省接壤，历史悠久，文化底蕴深厚，自然资源和条件丰富，交通区位优越，经济和社会发展迅速，同时也塑造了浙江人民开放大气又不失儒雅的个性，这样的自然地域和人文环境造就了孕育长兴百叶龙的土壤。

百叶龙的制作工艺极为精良，最初是以纸扎的花篮和花瓶为基本道具，主要在元宵灯会上亮相。清道光后期由民间的艺人对其制作工艺进行改进，突出了表演时的变形：把"聚宝盆"改为"龙头"，"荷花灯"变成"龙身"，"蝙蝠灯"变成"龙尾"，"寿桃灯"变成"龙珠"，原来一览无余的"花龙灯"变成了"进门是花灯，出门是龙灯"的"化龙灯"。再后来，道具中的"九连灯"又改成片片荷花瓣，再由九片花瓣围成一朵大荷花，几百片荷花瓣组成龙身，使"百叶龙"的艺术价值和观赏价值有了进一步的提升。浙江自古以来就是婉约的代名词，浙江人婉约温柔的做派也融入了他们生活的方方面面。百叶龙是由一瓣瓣粉红娇艳的荷瓣组成的，荷花出淤泥而不染，百叶龙浑身透露着一股清雅温柔的气息，给人一种柔美的感觉。因此，从外形我们可以看出百叶龙在地域上显示出柔美的审美特征。

从表演形式上看百叶龙地域上的审美特征。百叶龙的表演方式划分为舞台舞、行街舞、广场舞等不同形式，且日趋复杂，以适应不同的表演场合。其主要队形有长蛇阵、接龙、踩四门、剪刀阵、走四角等，主要动作有游龙、滚龙、龙盘柱、腾龙、卧龙、睡龙、龙出水、龙吐须等。百叶龙舞蹈表演时，荷花在瞬间突变成龙是其最显著的特点，"静则荷塘月色，流光溢彩；动则蛟龙腾空，气势磅礴"。舞蹈表演开始由荷花灯、荷叶、蝴蝶串舞，展现出夏日里一池盛开的荷花随风荡漾的美景。在荷花忽聚忽散中，荷花连接成龙突然腾空而起，荷叶变成祥云。顿时一条鲜艳夺目的彩龙，翻滚在蓝天白云间。每一种花灯都具有两种形象，如聚宝盆花灯翻过来就变成了龙头；荷花灯相连即变成龙身；蝙蝠灯翻过来变成龙尾；寿桃灯翻过来变成龙珠；十二只花瓶灯翻开变成云片。舞龙动作有：游龙、滚龙、龙盘柱、腾龙、卧龙、睡龙、龙出水、龙吐须等。将中国传统的舞龙转化成龙舞，通过湖水荡漾、荷叶摆动、荷花盛开、彩蝶扑飞、荷花变龙、蛟龙嬉戏、龙变荷花等动作和情节，完成一个完美的舞蹈过程，展现出江南水乡的绝美意境。

在江南田歌为主基调的舞曲下，翩翩翠绿的荷叶在云步、小台步的引领下飘然游弋，与含苞欲放的荷花、翩翩起舞的彩蝶勾勒出一幅和谐的田园画，给人一种欢快喜悦之情。刹那间，在狂风大作和惊雷震撼中，满池荷花化作几条长达数十米的蛟龙，从池中骤然跃起，翻腾飞舞，那舞姿之雄浑，呈现出翻江倒海、气贯长虹的磅礴气势。轮换出现在观众面前的，时而是长蛇阵、剪刀阵，时而前后插花，游龙、盘龙、逗龙。正当观众沉醉在眼前美景时，正在戏珠的大龙一转身变了金色、白色、粉色、淡红色。这种美轮美奂的表演方式让人仿佛置身在一片清波荡漾满鼻荷香的荷塘中，看着一条鲜艳夺目的荷叶龙在天空中、在池塘中翻滚跳跃，带起一阵阵涟漪、引来一阵阵荷叶清香，充满了江南水乡温婉的气息，仿佛是一个婉约的水乡女子在用她独有的气质向你吐露衷肠。花灯的变幻又让人不得不佩服浙江长兴人民的想象力和创造力，这样一种花灯两种形象的舞蹈方式可以说在中国舞龙文化中是独一无二的。温柔美丽而又不失大气的百叶龙带领人们进入了一个美好的童话世界，每一个动作都在讲述着它的故事和它的领悟。

百叶龙最重要的表演特征就是荷叶与龙的结合，无论是舞美的设计还是龙本身的设计都将荷叶与龙完美结合在一起，体现了浙江人的细腻和追求视觉审美享受的特点。

（2）从形式美法则的角度分析百叶龙的审美特征

形式美法则是人类在创造美的形式、美的过程中对美的形式规律的经验总结和抽象概括，主要包括：对称均衡、单纯齐一、调和对比、比例、节奏韵律和多样统一。研究、探索形式美的法则，能够增强人们对形式美的敏感，指导人们更好地去创造美的事物。掌握形式美的法则，能够使人们更自觉地运用形式美的法则表现美的内容，达到美的形式与美的内容的高度统一。

百叶龙中的"对称均衡美"。在美学理论中，"对称均衡"是"形式美法则"之一。对称又称"均齐"，是在统一中求变化；均衡则侧重在变化中求统一。均衡的形态设计让人产生视觉与心理上的完美、宁静、和谐之感。静态平衡的格局大致是由对称与平衡的形式构成的。

对称的图形具有单纯、简洁的美感以及静态的安定感，对称本身具有平衡感，对称是均衡的最好体现。古希腊美学家曾指出："美在于各部分之间的对称均衡。"而绝大多数动物和人类的正常身体形态也大都如此。人的五官正是因为对称均衡才显得不那么突兀。早期人类的石器造型，已经为我们表明当时的人类已经意识到了对称与美的密切关系。对称具有安静和稳定的特性，许多装饰图案也采取对称的形式。普列汉诺夫在分析原始人产生对称感的根源时指出："对称性的意义是巨大的，是不容置疑的。人的身体结构和动物的身体结构是对称的，这体现了生命的正常发育规律。因此，对于对称性的欣赏和喜爱是自然赋予人类的。"同时他还列举出原始的狩猎民族由于特殊生活方式，形成"从自然界汲取的题材在他们的装饰艺术中占统治的地位，而这使原始艺术家从年纪很小的时候起就很注意对称的规律"。对称的美感在自然和艺术上屡见不鲜。雪花的花瓣、叶子的经络、树木的纹理无一不充满对称。

在中国的舞龙运动中有三个最基本的表现手段：道具造型、动作套路和构图变化。百叶龙作为龙的形象出现，本身就符合动物身体对称的美感。从龙头上对称的炯炯有神的眼睛到龙嘴里面紧紧有致的牙齿都是符合对称的。作为主体部分的龙身，由八十一朵荷花分九段连接组成，每段又有九朵荷花，每朵由六十三片布制成的花瓣叠成，荷花花瓣代表龙鳞，龙鳞共九百多片，这精巧细致的制作使得百叶龙在外形上获得了高度的对称美感。

百叶龙的基本套路动作分为：8字舞龙动作；游龙动作；穿腾动作；翻滚动作；组图造型动作。其中8字龙的动作能够很好地体现百叶龙的"对称均衡美"。

8字舞龙是运动员将龙体在人左右两侧交替作8字形环绕的舞龙动作，可快可慢，可原地也可行进，也可利用人体组成多种姿态、多种方法作8字形状舞动。要求龙体运动轨迹要圆顺，人体造型姿态要优美，快舞龙要突出速度、力量；每个动作左右舞龙各不少于4次；单侧舞龙每个动作上下各不少于6次。如字面意思，8字龙即是让龙身盘起交错呈数字8的形状，"8"的形状是两个"0"的对称。左右交替的形式不仅是对称的基本体现，同时也让整个画面不死板，显得生动又立体。巨龙在荷叶中左右交替来回穿梭显现了其庞大但灵巧的特点，带动了整体的画面感。舞龙者健壮有力地挥舞手中的龙身部分与同伴互相配合脚步，穿插在荷叶荷花中，无论是原地舞龙还是行进、横移都兼顾8字形状的保持，始终保留龙盘绕的"8"的形象。

8字龙很好地体现了百叶龙动作技术中的"对称均衡美"，将龙的身体灵活柔韧性展露无遗。8字龙由于龙身的交错要求了舞龙者必须有很好的默契，在保持手上动作整齐的同时脚步也必须相应作出调整，避免因为人多而造成龙体缠绕或者腿脚绊住的混乱画面。这一看起来简单的造型却是对舞龙者基本功的考验。

百叶龙中的"多样统一美"。多样统一又称和谐，是一切艺术形式美的基本规律，也是画面构图的总规律。多样统一是对立统一规律在艺术上的运用。对立统一规律揭示了一切事物都是对立的统一体，都包含矛盾，矛盾双方既对立又统一，充满斗争，从而推动事物的发展。多样统一是矛盾的统一体，用在画面构图中，指画面既要多样有变化，又要统一有规律，不能杂乱。只多样不统一就会杂乱无章，只统一不多样就会单调、死板、无生气。简言之，就是构图要繁而不乱、统而不死。拍摄不同景别的镜头画面都应力求做到多样统一。多样统一在画面构图中的运用，具体地讲就是把众多零散的表现对象按照突出主体的原则合理地安排在画面里，进而达到内容和形式的统一。

舞龙运动在形象、气势、风韵、神采上的体现，依赖动作、构图、道具运用和音乐伴奏，其中构图多变构成了舞龙运动的一大特色。百叶龙不但变化复杂、纷繁多彩，而且构思巧妙、构图精美。舞龙最重要的是体现龙的生动和灵动。把没有生命的道具舞动出生命力，舞出龙翻江倒海、飞天遁地的鲜活姿态，给人强大的视觉冲击。游龙、穿腾、翻滚这些基本动作中充满了变幻多端的复杂套路，手脚配合出巨龙飞行在天或潜行于渊的景象。

全体舞者在舞龙头者的引导和相互默契配合下，统一于一种动作、一种节奏中。龙头、龙身、龙尾协力一致，把龙舞得左右翻腾，上下起伏，舞出一条条活灵活现、翻江倒海、威风凛凛的神龙。"此时此刻曲线或快或慢地流动，或上或下地起伏，或左或右的翻滚。在这种流动的一条条不同的线的轨迹中蕴藏和体现了无穷意趣和宏大气势，使道具的龙具有了极高的审美价值。"在舞龙运动中，步法是产生动作流动的关键。步法中不论小跑步、小跳步、花梆步、圆场步等，都运动在弧线、圆线和S线之中。弧线、圆线和S线的流动，能在有限的场地中显示出无限广阔的空间，给人留下虚实相生的空间感。这体现了脚步上的多样统一，无论步法由多少种样式结合起来，都是统一为成型的动作服务的，为的就是展现百叶龙灵活多变的造型。龙的形象、性格、风采很大程度上是通过龙穿云、龙戏珠、龙卷背、龙打滚、龙脱皮、龙下蛋、龙绕灯、黄龙缠腰、双龙下海、双龙出洞等众多画面中的各种形态来展示的。没有哪一种形态不是突出和贯穿了多样二字的。龙的动势统一感可谓被这种形态的多样性展示得极为淋漓尽致。这些龙的各种形态都是通过舞龙的基础动作如翻滚、缠绕、跳跃来体现的。

翻滚是龙舞的基本动态。"翻"是整条龙在舞动中的翻身转向和人的翻动。"滚"即龙成螺旋形的立圆不停地翻滚和耍龙人在地面上的滚动动作。舞龙者举着龙把在头上作半圆形的连续运动，同时一边走一边舞，它在画面调度中起着纽带的作用，使龙一直舞动富有生机又衔接着下一个技术动作。龙体在滚动中呈现出各种画面变化，灵活地表现各种形态。滚动对舞龙来说，更是它形成构图的重要手段。在滚动的同时，一方面舞者要循着一定的队形活动；另一方面在滚动过程中又能构成不断变化的各种画面，并且可以强化画面的动态感，给人以美的享受。

缠绕是舞龙运动构图和动作形象化的基本诀窍。究其奥秘，主要是舞者按照一定的次序，沿着规定的路线，在互相穿插的基础上使各节龙衣互相缠绕，从而形成各种极为复杂的构图。两条甚至更多条的百叶龙同时相互组合，穿绕缠结，其复杂之程度，连接之巧妙，画面之精美，几乎令人眼花缭乱，叹为观止。缠绕中的百叶龙栩栩如生，如巨大的粉色波浪翻腾在一片绿色的荷叶上，给人一层层的冲击，画面活灵活现，让观众在感叹舞龙技术复杂细腻的同时不得不赞叹舞龙者的技术能力。

跳跃是指舞龙者跳龙衣、跳龙把和跳转身等。跳跃有时与缠绕和翻滚的动作相关。除了普通变化动作时横移或者纵移的单人跳跃，还有在龙身不停地舞动中，一舞者用龙把向邻近的另一舞者脚下横扫过去，另一舞者同时蹿跳而起越过龙把。跳快龙动作是最具有审跃特征的，每做一次快跳龙动作，整条龙在演员的脚下要越过一次，龙犹如一个活的圆圈，不断地翻滚着，越快越圆越美，使之有如九连环般环环紧扣，龙身紧紧缠绕之美感。

百叶龙从丰富的道具到多变的队形、复杂的技术，都是多样化的表现，画面丰富多样，给人新鲜又充实的视觉冲击，但多而不乱，各个道具动作之间相互呼应配合，充满了和谐之美。荷叶与荷花相互辉映，龙身的花瓣又与背景相得益彰；舞龙者整齐划一的动作承接龙身的翻滚跳跃，生动而不混乱。这些都很好地体现了百叶龙"多样统一"的审美特征。

百叶龙中的"节奏韵律美"。节奏本是指音乐中音响节拍轻重缓急的变化和重复。节奏这个具有时间感的用语在构成设计上是指以同一视觉要素连续重复时所产生的运动感。韵律原指音乐（诗歌）的声韵和节奏。诗歌中音的高低、轻重、长短的组合，匀称的间歇或停顿，一定地位上相同音色的反复及句末、行末利用同韵同调的音相加以加强诗歌的音乐性和节奏感，就是韵律的运用。平面构成中单纯的单元组合重复比较单调，由有规则变化的形象或色群间以数比等比处理排列，就会产生音乐、诗歌的旋律感，称为韵律。有韵律的构成具有积极的生气，有加强魅力的能量。

舞蹈是八大艺术之一，是于三度空间中以身体为语言作"心智交流"现象之人体的运动表达艺术，一般有音乐伴奏，以有节奏的动作为主要表现手段的艺术形式。它一般借助音乐，也借助其他道具。舞龙作为一种体育舞蹈，也是一个配合道具歌曲进行的舞蹈项目。百叶龙的配乐区别于一些传统舞龙项目中以两个大鼓、两副大镲、一个大锣、一副中镲来营造热烈气氛，常常是以优美而古香古色的中国古典音乐来配合其柔美的故事。

化身人形的精灵，婀娜多姿的舞态与音乐配合给人一种心旷神怡的安宁。紧接着乐声渐小，鼓点渐大，音乐节奏骤然紧凑起来，像是在预报一场未知的风雨，让人心头一紧。手持荷花的舞者跳跃到舞台正中将荷花高高擎起，在节奏最紧凑的那一瞬间，从荷叶里面翻转变身成两条颜色鲜艳的百叶龙，音乐声渐大，乐曲又变得欢快起来，只见两队舞者踏着音乐的节奏在片片荷叶中穿行翻腾，仿佛是两条巨龙在荷塘里欢欣雀跃地翻滚着身躯，每一步每一个跳跃翻滚都紧压着音乐节奏。观众的耳朵被强烈的音乐效果震撼，眼睛被美轮美奂的舞蹈动作吸引，身心都得到了极大的审美满足。

音乐和舞蹈都是对节奏要求严格的活动，百叶龙正是将两者完美结合，不同于普通舞龙锣鼓喧天的嘈杂背景，而是如同一幕音乐剧般将舞龙和背景音乐很好地融汇在一起，给人以强烈的"节奏韵律美"。

（二）文化自信大背景对长兴百叶龙传承发展的影响

1. 文化自信有助于推进长兴百叶龙的发展

从社会学视角出发，民族传统体育作为一种社会现象，是在特定历史条件下，为了满足人们社会生产发展而产生的，因此民族传统体育的产生及发展与社会的政治、经济、文化有脉脉相通、唇齿相依的关系。百叶龙作为民族传统体育项目之一，也有自身特定的历史时期，并且满足了长兴地区和长兴地区人民的发展需要（这种满足主要表现在物质方面和精神方面），百叶龙的发展与长兴地区的方方面面都有相辅相依的关系。

自文化自信提出以来，各种传统文化百废待兴，长兴百叶龙作为浙江省著名传统体育项目，在文化自信提出以后受到了广泛关注。

首先，文化自信的提出对于政府来说，为百叶龙的传承工作提供了理论依据，对于社会来说，为百叶龙的未来发展指明了方向。湖州市传统底蕴深厚，历史文化悠久，长兴县作为湖州市的 GDP 常年前三名，其丰富的文化资源是长兴县经济发展的基础，文化产业又是长兴县的支柱产业，百叶龙所代表的龙文化更是长兴县文化产业的重中之重，甚至百叶龙商标早在十几年前就是浙江省的著名商标。文化自信的提出更是给百叶龙文化产业的发展注入了兴奋剂，1441 米的百叶龙大桥、投资 251 亿元占地 1.2 万亩的全球超大旅游综合体太湖龙之梦，都是"百叶龙" IP 的重要体现。

文化自信不仅让我们看到了文化产业的经济价值，最重要的是让我们开始重新审视民族传统体育的文化价值。百叶龙在过去的几年，由于种种原因，其传承发展工作一直不瘟不火，甚至一度出现"如果没什么用的话，传承断了也就断了"的声音，而文化自信的提出让我们深刻地认识到民族传统体育文化价值的重要性，以及保护和发展民族传统体育文化的辩证统一关系的重要意义。当地政府近几年针对传统文化出台的相关政策，开始从偏向文化产业的经济价值向重点挖掘传统文化的文化价值转变，百叶龙从过去每年 20~30 场的演出场次快速增长，2019 年达到了 59 场次的演出纪录，深受全国人民的喜爱。而且百叶龙近几年出国演出的频率快速增加，每到一个新地方，都会引发一场文化盛宴，其艺术技巧的精湛和文化底蕴的深厚不仅深深地吸引了外国友人，更让每一个身在国外的中华儿女感到无比自豪。

通过对"文化自信"系统的分析与研究，得知文化自信源自我们对于中华民族传统文化的自信，民族传统体育文化不仅是中国传统文化的重要组成部分，而且汇聚了中华民族的智慧，也丰富了中华民族传统文化体系，因此我们要增强民族传统体育文化的价值认同，正确地对待民族传统体育项目的发展，文化自信的提出也可以指导后人客观地挖掘传统体育文化价值，回归本质。百叶龙在最早的发展期可谓困难重重，但百叶龙一次次突破传承发展障碍，一次又一次地出现在更大的舞台上，如今的百叶龙已经取得辉煌的成就，为长兴、浙江乃至我们国家赢得无数荣誉。虽然百叶龙的发展已经取得了相当耀眼的成绩，但 2000 年时的内部变动，导致传承队伍出现经济矛盾。发展多年，百叶龙现在经济价值巨大，而矛盾依然存在，这无疑为今后百叶龙的传承发展埋下了巨大隐患。文化自信的提出也让当地政府重视审视发展初心，对经济、政绩的追逐，是否应该牺牲对百叶龙文化精神的继承？其蕴含的五千年历史的艰苦奋斗、百折不屈的中华文化，不正是使我国社会快速发展的精神力量？当地政府及有关文化部门增加对传统文化的宣传，百叶龙文化也由此开始多次深入各个基层，紧密联系群众，这不仅提高了百叶龙的精神文化影响力，也大大拉近了政府与人民群众之间的距离，为维系社会稳定、民族团结、人民幸福做出了重要贡献。

在百叶龙未来的传承发展过程中，必然会受更多因素的干扰，因此我们应不忘初心，坚定地以"文化自信"作为百叶龙传承发展的动力和目标，解决好每一个困扰百叶龙传承发展的困难，使中国优秀传统体育文化取得更大的进步与发展。

2. 推进长兴百叶龙发展有利于增强文化自信

马克思主义原理告诉我们，联系是普遍的，文化自信为百叶龙的发展提供了理论指导并且指明了发展方向，从而促进了百叶龙的未来发展，反之，百叶龙的发展也会进一步扩充传统文化的内容体系，丰富文化自信的内涵，进一步增强民族的文化自信。

民族传统体育文化是民族文化的重要组成部分，它是中华民族光辉文化体系中一颗璀璨的明珠，肩负着民族文化复兴及中华民族伟大复兴的重要使命。民族传统体育是用特殊的方式继承和弘扬中华民族文化，民族传统体育通过参与、交流、竞技等方式激发民族情怀，振奋民族精神，聚集民族情感，提高民族文化认同，增加民族文化自信。百叶龙作为传统体育项目之一，具有浓厚的民族色彩，它是在中国龙的基础上结合天平村的地域文化创造而来的，是天平村人民劳动智慧的结晶，是基于天平村人价值观念的一种文化创造。从起源到今天，200 年的时间里，经过天平村人的锐意创新，它演绎出中国传统文化的精髓，将中华民族的天人合一、仁者爱人、阴阳交合、兼容并蓄的传统思想发挥得淋漓尽致，充分地向世人展示了中国智慧。百叶龙的发展丰富了中华民族的龙文化，百叶龙以其独特而又不失传统的文化特征轰动全国、震惊世界。在新中国成立之后，在党的领导下，百叶龙的发展走向了康庄大道并彻底消除了其专制主义、神秘主义、封建主义的文化色彩，在近些年的国内、国际的比赛及表演过程中，刮起了振奋人心、心潮澎湃的"龙"卷风，激起了中华儿女的爱国主义情怀和民族文化自豪感，因此，科学发展百叶龙对激发民族文化热情，提高传统文化价值认同，增强文化自信具有积极的促进作用。

（三）文化自信视域下长兴百叶龙传承发展现状

百叶龙作为第一批国家级"非遗"民族传统体育项目之一，在民族传统体育文化中占有重要地位，是中华文化的重要组成部分，其发展对于长兴的政治、经济、文化发展产生重要影响。然而随着现代体育文化不断地浸入及社会现代化、城市化的发展，百叶龙的发展受到一定冲击，原有的物质基础及价值体系受到较大的影响，因此百叶龙的发展及传承问题成为人们关注的焦点，唯有做好传承，百叶龙才能实现健康持续发展。因此，我们分别从传承人群、传承方式、展演情况、扶持政策四方面对其进行系统的研究。

1.传承人群

传承是指知识、文化、技艺等，在传者和承者之间的传授和继承过程，因此传承的体系中应该包含：传者、承者、传递方式这三要素，其中任何一要素发生变化都会影响传承的发展。

据调查分析得知，百叶龙的传者是第四代传承人谈小明，也是目前百叶龙传承人的代表；承者是天平村村民、天平村中小小学和长兴职教中心的学生、十二个传承基地的学员和百叶龙演出公司的演员；传承群体大致分为三种：民间传承、学校传承和商业传承。传承人群关系相互交织，想要系统地、透彻地研究百叶龙的传承群体，就要先厘清百叶龙"传承主体"的内部概念：传承者首先要熟练某项本领、技艺，其次要对所从事民间艺术有深厚兴趣爱好，积极地开展宣传等传承活动，同时具有以上条件才符合传承者的身份与职责。那么传承者既包括传承者，又包括继承者。根据年龄划分，一般年长的为传者，年轻的为承者。根据技艺水平划分，一般技艺水平较高的称为传者，技艺较低的并且具有强烈学艺意愿的称为承者。对于百叶龙的传承群体而言，传者一般是具有较高的技艺水平的人群，承者一般为技艺水平仍需进一步提升且有强烈愿望去提升的人群。

2.传承方式

中华文明的发展和演进已深刻阐明，不同的地域文化、民族风情导致传承途径及传承方式不同，概括起来主要包括：师徒传承、家庭传承、群体传承和政府组织倡导传承。根据调查研究，百叶龙的传承方式主要为师徒传承、家族传承、群体传承和社会传承四种。早年间家族传承和师徒传承是百叶龙的主要传承方式（早期百叶龙作为天平村的特色禁止向外传授技艺），而如今政府部门与百叶龙传承人多次沟通，百叶龙的传承方式主力已经转为社会传承和群体传承。

（1）师徒传承

师徒传承方式溯源于中华民族特殊的历史文化环境，长久的封闭自然经济环境为传统文化师徒传承方式成长提供了肥沃的土壤，严苛的家族礼仪及封建等级制度是师徒传承模式长久流传的根蒂，也正因如此，师徒传承模式表现出地域性、血缘性、保守性、单一性等特点。师徒传承起源于民族传统体育项目——武术，百叶龙作为民族传统体育项目之一，同样继承了师徒传承的经典传承模式。

通过对谈小明老人的访谈与资料研究发现，百叶龙的不同时代传承人之间就存在师徒关系，其中王长根师从姚申福，谈小明老人师从王长根。姚申福老人是制作百叶龙的鼻祖，老人家在花龙灯的基础上创造了百叶龙。当时姚申福主要负责扎龙头，徒弟王长根跟着学制作龙头。谈小明老人18岁就拜师王长根，跟着师父学做龙头，19岁时便跟随师父去首都进行百叶龙表演，由于师父王长根的身体原因及对徒弟的信任，不久后龙头的重任及村里的整个百叶龙训练演出等相关事务完全交给谈小明老人负责。

（2）群体传承

崔乐泉教授认为，群体传承一般是指在一个族群范围内，众多社会成员参与传承同一民族传统体育的活动，展示了族群内每位成员共同的价值信仰。在众多民族传统体育项目中，例如，龙舟、木球，都是由某一族群发明创造并流传的，这些项目在共同价值信仰的聚拢下，在传递发展的过程中逐渐形成了民间记忆，群体间就是将这些项目通过横向和纵向的传递在民间进行世代相传。众多的传统体育项目就是依靠群体传承方式流传至今。那么，百叶龙发展至今也同样离不开群体传承。

研究发现，百叶龙现已经成为天平村村民们的焦点话题，村民们将百叶龙看作一项事业去发展，村里有一个不成文的规定，当选村主任必须会舞百叶龙。整个天平村体强力壮的年轻人都主动地进行舞龙的练习，男女老少也都了解舞龙常识，整个天平村的村民几乎都参与了百叶龙的发展，每逢传统佳节，百叶龙的表演让节日气氛锦上添花。天平村人的积极主动参与，对百叶龙的未来发展发挥重要作用，群体传承为百叶龙的发展起到至关重要的作用。

（3）社会传承

社会传承的对象是社会所有群体，相对于师徒传承和家庭传承，社会传承一种开放性的传承模式。社会传承主要通过设计专门的培训机构、基地、学校等，进行知识、技能、技艺的相关培训与传授。社会传承是中华人民共和国成立之后出现的一种新型传承模式，它的出现打破了师徒传承和家族传承的局限，促进了民族传统文化的广泛流传。

通过访谈得知，长兴县于2006年先后成立了12个培训基地，并聘请百叶龙第四代传承人谈小明和第五代传承人谈勇作为基地的顾问负责相关技术的指导。而且百叶龙现已走进天平村中心小学和长兴职教中心，中心小学将百叶龙列为4~6年级学生的必修课程，学生每周要进一次舞龙或扎龙的练习，谈小明老人每周都要去天平村小学进行相关知识的传授。长兴职教中心将百叶龙融入课堂教学与课外活动中，2008年专门开设表演专业，将百叶龙教学作为教学核心内容。近年来该校积极致力于百叶龙课程的开发，并准备申请成为百叶龙特色艺术学校。

百叶龙走进校园进一步丰富了未来的传承与发展路径，也拓宽了百叶龙文化的影响范围。另外，在长兴县委县政府的领导下，百叶龙艺术团从国企中走出来，成为专门从事商业活动的长兴百叶龙演出公司，而后又将百叶龙的专有权无偿转给长兴文旅集团，该集团一举将百叶龙做成浙江省著名商业品牌，如今长兴县依靠百叶龙的名气GDP发展常年位居湖州市第一。

3.展演情况

展演是影响百叶龙发展与传承的重要因素之一，根据品牌学理论可以推断，展演是对外宣传百叶龙的重要方式之一，通过展演可以有效地拓宽百叶龙的受众范围，从而进一步提升百叶龙的影响力。百叶龙从发明制作到成功走上舞台，凝聚了几代人的不懈努力和辛勤付出，凭借着对龙文化的价值信仰和对艺术价值的追求，几代传承人终于将一条雄伟壮观、气势恢宏的百叶龙展现在世人眼前。

在随后的时间里，百叶龙在曲折中发展，几经挫折，终于迎来蓬勃发展并逐渐走出国门，陆续登上国际舞台，出访了法国巴黎、俄罗斯、英国等地，得到了各个国家和地区人民的高度赞扬，促进了中外文化交流。据统计，2000—2019年的十年间，百叶龙每年参加全国演出场数为20~30场，2019年则达到了50场次，百叶龙红遍大江南北并震惊世界。

4.扶持政策

民族传统体育具有重要的社会价值，发展民族传统体育、增进民族团结、弘扬传统文化、促进社会发展，是党和政府一直坚持的传统体育事业的发展方针。资料显示，新中国成立之后，国家在不同时期分别对民族传统体育发展制定针对性的政策，在政策和方针的正确导引下，民族传统体育事业的发展取得巨大成就。进入中国特色社会主义新时代，党中央高度重视文化建设及体育事业发展，民族传统体育发展迎来了新机遇。

（四）文化自信视域下新兴传承组织

当代民俗传承的变迁，从文化主体的自发传承转向非文化主体的他者传承，不仅仅为维持文化本身的功能而存在，而且赋予特殊的政治或经济目的。传统土壤上的文化不再是自然依靠内在功能和动力传承，往往受到外力的影响，主要表现为政治权力和商业资本的介入。随着民间传承力量的衰弱以及"非遗"传承与保护的运动，政府承担着部分传承的任务。新兴传承方式不仅仅表示传承群体在更大空间和范围内活动，而是强调传承方式出现多元、立体的特征。新兴传承方式是民间师徒或家族传承的扩展和补充，是百叶龙传承方式的重要组成部分。

1.商业传承

（1）百叶龙艺术团的发展历程

百叶龙商业传承组织由政府全额出资组建，采用现代企业的运营和管理模式，属地方国有文化企业，盈利收入上缴地方财政。2005年百叶龙艺术团成立，是百叶龙商业传承的最早尝试。其本着"政府主导，市场化运作；专业团体，业余演员；舞龙为主，兼顾其他"的组团原则组建，主要管理和经营长兴大剧院的场地及设备资源，并且承担长兴百叶龙的传承、创新、发展和弘扬工作，负责对县12个百叶龙艺术基地的日常辅导、对外演出和文化交流活动。艺术团是以百叶龙舞蹈为主导节目，同时兼顾其他优秀民间艺术的综合性表演团体。杨明珠（原长兴县文广新局党委副书记、副局长，担任百叶龙艺术团团长等职，后来担任百叶龙文化发展股份有限公司法定代表人。介绍说："当时有 8 条大龙，每场演出费 3 万 ~4 万元。"

百叶龙演出公司的组建是百叶龙走向市场化的显著标志。2006 年，第一批"国家级"非遗项目公布前夕，百叶龙演出公司挂牌成立。2017 年长兴县政府决定将长兴百叶龙演出公司的国有产权无偿转给长兴文旅集团，由其全权负责长兴文化产业的开发、传承与保护。百叶龙商业性质的传承组织，经历数次合并和重组，组织模式并未发生实质变化。近年来，百叶龙商业传承组织利用政府文化交流的契机，结合公司制度的优势，已经成为长兴县最为倚重的文化企业。

（2）百叶龙艺术团组织结构和传承模式

百叶龙艺术团下设办公室，由 3 名核心专职人员组成，主要负责日常排练、教学辅导和文艺演出。演员没有事业编制，属于编外人员，一般稳定在 30~40 名，能够临时组成 2 条百叶龙。在管理上，采用"专业团队，业余演员"的方式。演员们没有固定的工作岗位，要身兼数职，演出时从其他部门临时借调。在角色上，男女有所区别，男生舞荷花，女生跳荷叶，排练要分开练习。

一般情况下，接到演出任务，才会加班加点排练。较为重要的演出活动，主办方往往会发出邀请函，之后征求县政府外事办同意，才能出国演出。公司接到邀请函，根据主办方要求，由策划部做出活动方案。接下来就要召集演员，百叶龙演出部的演员不够，就从会议部或电影部借调。如果还是不能满足演出要求，再从传承基地挑选演员。演员凑齐之后，接下来组织训练。男女分开练习，男生舞荷花，女生跳荷叶。排练时间大多选在晚上，一周两三次，每次训练两个小时。赶上规格较高的文化交流演出，就要提早准备，少则一个月，多则三个月。最后一个环节是合练、彩排，这时需要男女演员配合，根据音乐的节奏边跳边舞，场边指导，反复练习。公司"百叶龙"舞蹈表演节目的主要生产流程如下（根据百叶龙演出公司内部资料整理）：

①确定表演方式（一条龙，还是多条龙）

②组建舞蹈队（"龙头"表演者、"龙身"表演者、"荷叶"表演者）

③招募临时演员（公司人员不足的情况下）

④对演员的道具、服装、背景音乐进行配置

⑤根据剧目的表演时间，进行舞蹈的彩排和演练

⑥在长兴大剧院的场地进行试演

⑦演出

（3）百叶龙商业组织的传承方式

从内看，类似"社团"的传承方式，下设办公室，专门负责百叶龙日常运作。百叶龙艺术团的成员大多以兼职的形式参与百叶龙活动，有自己主要的工作，这种形式解决了"留住"演员的难题。向内看，百叶龙艺术团传承着百叶龙技艺和精神内涵，通过公司

的符号、标语、实物来呈现，并且落实到演员的行动中。向外看，百叶龙艺术团负责各个传承基地的教学任务，提供教学辅导、资金和演出渠道，与传承基地建立了密切的合作关系。但是，对于各个传承基地的"态度"又有所偏差，也使天平中心小学与天平桥村舞龙队联系更加紧密。

从外看，校企联合的传承形式。百叶龙艺术团对各个传承基地的教学辅导，是百叶龙传承的一项重要内容。百叶龙演出部与传承基地有密切的合作关系。不仅负责舞龙队员的培训，而且给各个基地（最初成立12支百叶龙艺术培训基地，其中教育系统有8所。如今，仅有3所学校从事百叶龙传承活动，即林城镇天平中心小学、长兴职教中心和清泉武校）提供资金、道具的支持。吴驰超说："目前，有六条龙，三个传承基地各有两条。舞龙的道具都是从浙江杭州购买的，一条在2万元左右。公司平时会分配一些演出任务给传承基地，我们提供车费和一定的劳务费。当然，有时候公司会从基地借调一部分演员参与演出。每一次的演出要求和规格都不相同，人员的变动也比较大。比如，这次训练有28个人，下次有许多人就会替换掉，人员是变动的。每天上班需要排班，员工有不同的职业，都在各个工作岗位上工作，时间很难协调一致，所以采用这样的办法。"传承基地与百叶龙演出部门密切配合，使百叶龙传承成为可能。

（4）百叶龙商业传承的主要活动

①商业演出

民俗以往主要是民众自我创造和享用的文化，现在有的成了工厂和商家创造、民众享受（消费）的对象。市场和商品间接地成了民俗传承的载体，携带民俗元素的商品在被消费的同时也使其所附着的民俗文化得到传承。

商业收益是百叶龙艺术团能够继续维持和运转的基础，是催生百叶龙技艺创新最根本的动力。虽说百叶龙艺术团要承担公益演出和文化交流的任务，但不意味着只能依附政府的财政补助而生存。相反，引进公司制的经营模式，在保证百叶龙文化传承、发展和创新的基础上，允许进行商业活动。百叶龙艺术团根据客户需求提供表演，其实质是定制化生产。部门之间协调配合，营销部和广告部通过户外广告、网络推广、电话营销等方式承揽活动。然后与客户进一步沟通了解需求，初步制订方案并签订合同，在客户指定时间和地点完成演出。百叶龙舞龙表演作为传统演出节目，在长兴及浙北地区受欢迎程度较高，各类公司及机构的开业或庆典、文化节、会展等活动均会邀请公司的百叶龙艺术团去表演。

如今，百叶龙已经完成从"输血"到自我"造血"的转变。经过两轮融资，公司规模和实力大大增强。各个部门之间相互配合，已经能顺利承接重要赛事的策划、宣传、组织、开幕等活动。例如太湖图影国际半程马拉松、环太湖国际公路自行车赛等国际赛事，百叶龙艺术团就在开幕式上亮相，向全国乃至全世界展示长兴非遗的魅力。仅2019年，百叶龙舞龙队参演活动就多达50场。

②百叶龙传承基地教学辅导

长兴县政府为了解决百叶龙传承过程中因缺少演员的问题，成立艺术培训基地建设领导小组，对各基地的建设工作进行日常管理、指导、协调和监督。后来，百叶龙艺术培训基地的工作由百叶龙艺术团负责。

③文化交流

文化交流是百叶龙能够"走出去"，扩大影响力的关键一招。百叶龙艺术团成立之后，长兴县政府就希望把百叶龙文化打造成对外交流的窗口。经过十余年的发展，百叶龙不仅七次跨出国门，而且带动了长兴文化产业的发展。

百叶龙文化交流演出规模有所扩大，演出场次有所增加，借助传媒技术，让百叶龙被世界各地的人们关注。百叶龙每次参加大型活动，都离不开各个传承基地的支持。尽管民间传承团体也是文化交流的重要力量，到 2008 年以后，几乎很少参与高规格的文化活动。事实上，百叶龙民间传承组织与百叶龙艺术团商业组织之间是长期分离的状态，这一点在林城镇和天平桥村走访过程中得到证实。何富文说："在经费紧张时，向百叶龙演艺公司要一部分经费，但并不是每次都能获得资金支持，后来谈小明也很少再去了。"正因为需要一定数量的演员，民间、学校和商业组织之间的合作成为可能。其中，最具影响力的事件要数"六十周年国庆联欢晚会"。这次长兴县共派出 95 名演员赴京演出，演员来自不同的传承基地。此外，国庆阅兵通过电视转播，62 万长兴人民守护在电视旁。当《祝酒歌》响起时，人们心中升起一种无以言说的自豪感。在天平桥村，参访到一位谈姓老人，他对这件事仍然记忆犹新。

④参与公共文化服务活动

说到"文化下乡"，您是否会心存疑惑，百叶龙民间传承组织仍然存在，为何要借助商业组织的力量呢？事实上，民间百叶龙表演活动参与公共文化服务的活动十分有限。一般在春节前夕，在天平桥村春节晚会上亮相，其他演出活动实在太少。

在长兴县文化下乡包括乡村春晚、送戏下乡、文化走亲等内容。按照长兴县文化旅体局的安排，每月分派表演团体下乡演出。2019 年，百叶龙艺术团也加入"文化下乡"的行列中，全年共举办六场演出活动。长兴县共有 152 个文化礼堂，基本上实现"村村有节目、村村有礼堂"的目标。下乡活动的安排表会提前公布，一般在周末表演。村民得知消息后，提前处理好家里的事情，带着家里的老人和孩子提前候场。当然，观众不仅仅局限于本村人，邻村村民也可观看演出。吴驰超说："百叶龙艺术团的演员会多种表演形式，能蹦能跳，能文能武。一个团体一般负责一整场演出，唱歌，舞蹈，相声小品……百叶龙往往最能调动观众的气氛，常常安排在节目开始或者谢幕的时候。我们去过许多村镇表演，表演结束之后，有村民十分好奇，要见识我们'荷花变龙'的技巧。"

⑤百叶龙商业传承组织的传承分析

政府主导下的商业传承模式已经完成从"输血"到自我"造血"的转变。百叶龙艺术团不仅承担着百叶龙的传承、发展和创新的艰巨任务，而且在打造长兴文化产业中发挥着积极的引领作用。百叶龙艺术团凭借长兴大剧院的场地优势，结合部门之间密切分工，加上长兴县政府的支持与引导，积极实施"走出去"战略，找到一条"可持续发展"之路。百叶龙艺术团凭借公司制的优势，通过公司内部分工协作，以"百叶龙"品牌的商业价值为核心，完成百叶龙"文化再生产"的过程。这不仅能保证公司获得可观的收入，而且对百叶龙传承基地给予极大的资金支持，使民间、学校和商业多种传承形式并存成为可能。百叶龙艺术团传承模式类似"社团"的形式，是员工在不同部门的重新组合。不过，它比社团组织更具有约束力，追求利益最大化。设立百叶龙艺术团办公室，仅设置3名专职人员，其他演员皆为临时借调，最大程度地减少了运行成本，并且能保证一定数量的演员。

此外，商业传承是百叶龙文化传承体系最为活跃的组成部分，使百叶龙继续保存和传承成为可能。但是，以利益分配为主要纽带的公司制，维系人们之间的合作关系，是否能让人们产生情感上的联系，确实值得人们怀疑。演员们整天进行枯燥的练习，按时工作，领取劳动报酬，这样的环境能否催生人们的创造力？员工本身是"演员"，从他们内心而言有多少"表演"成分，又有多少传承的责任和使命感呢？如果把百叶龙作为谋生的手段，它注定会与现实脱轨。

2. 学校传承

学校教育一直是知识传承的主角，基本取代了传统的家庭教育。学校基本是由国家和政府创办的，从小学到大学，几乎都是政府主导。课程的设置和安排多半跟着政府政策走。因此，学校成为政府力量发挥作用的空间和平台。

天平桥村百叶龙与学校的嫁接，与其说是心甘情愿，不如说是无奈之举。2000年以后，天平桥村舞龙队就已经暴露出缺少演员的问题，加上与政府关系恶化，政府想培养"自己的队伍"。2004年5月，长兴县为鼓励和引导社会力量参与百叶龙活动，出台以奖代补的扶持政策，在乡镇、部门、学校组建了12个百叶龙艺术培训基地，其中有8所学校传承基地。目前，仅剩林城镇天平中心小学和长兴职教中心两所学校仍然保留着百叶龙的传承活动。这两所学校同年被确立为百叶龙艺术培训基地，又因地理位置、依靠力量等因素的影响，形成极为不同的百叶龙传承模式。暂且以林城镇天平中心小学为个案，从百叶龙传承内容、传承方式和传承特征等方面分析，试图全面呈现百叶龙在学校传承的情景。

（1）林城镇天平中心小学基本情况介绍

天平中心小学坐落于百叶龙的故乡，与天平桥村毗邻，是一所有着百年优良传统的农村小学。全校有8个教学班，在校学生有448人。学校为了传承百叶龙艺术和精神，建设百叶龙特色校园文化，以"感恩、勤劳、勇敢、善良、合作、向上"的百叶龙精神为核心，围绕百叶龙校本课程，开设了百叶龙故事、百叶龙音乐、百叶龙刻纸、百叶龙游戏、百叶龙韵律操和百叶龙舞等课程。学校于2013年1月，被评为"浙江省非物质文化遗传传承教学基地"。

2004 年，天平中心小学成为百叶龙艺术培训基地之一。长兴县政府为每个培训基地提供道具和资金支持，但并不能解决技艺传授的难题。百叶龙舞龙技艺为天平桥村所独有，最核心的部分要数"荷花变龙"的技艺。于是，政府多次与谈小明家族及天平桥村协商，谈小明担任百叶龙技术顾问，由父子两人负责教龙，并提供部分教学补助。学校附近就是天平集市，每天人员流动较为频繁，学校自然而然成为乡里乡亲文化交流的重要场所。李一丁（被访谈对象：李一丁；访谈时间：2019 年 4 月 20 日；访谈地点：天平中心小学）就是最早跟谈小明学习舞龙技艺的老师，他回忆说："以前，他们（谈小明）经常在学校操场上训练，当时只是觉得好玩。学校成立百叶龙基地初期，老师们都不是专业舞龙出生，谈小明和谈勇经常来学校指导训练。"谈小明为校外辅导老师，讲述百叶龙故事，教授舞龙技艺，有时也要承担道具维修的工作。如今，李一丁老师已经成为小有名气的舞龙教练，即便如此，谈小明每周仍然会抽出半天时间看孩子们训练。他站在一旁，一般很少讲话，可脸上却流露出满意的神情。

（2）林城镇天平中心小学百叶龙组织形式及传承模式

天平中心小学把"传承百叶龙技艺和精神，打造特色校园文化"作为不懈追求的目标。学校为了加快特色学校创建的步伐，保证百叶龙校园文化建设的工作落到实处，成立"百叶龙民间艺术指导小组"和"创特色学校办公室"。前者以校长为组长、以课题组老师为骨干、以课任老师和学生为参与者的特色学校创建组织，专门负责特色学校创建活动。后者以教科室为核心，由办公室全面负责"百叶龙校本课程"的实施工作，教导处负责校本课程的设置，抓特色教学常规管理工作，少先队大队部负责百叶龙特色中队的创建与管理工作和百叶龙艺术的深化与推广工作。教学以《我们的骄傲——百叶龙》校本课程为基础，包括百叶龙历史、游戏、刻纸、音乐、韵律操和龙舞等内容。在课外活动中，成立兴趣小组和社团组织，学生根据兴趣自愿参加。此外，学校把百叶龙文化融入校园文化建设中，为学生提供多种展示才能的机会。

事实上，学校建立了"创建"和"教学"两套组织系统。指导小组每月召开一次会议，研讨学校特色教育工作开展情况，推动特色教学的开展。而具体的教学工作由教务处负责，以校本课程、课外文化活动和校园文化建设为主要内容。校本课程每周有两次课，即一节理论课和一节实践课。班主任主要承担理论课的教学，而专业教师既要负责实践课的内容，又要组织课外文化活动。专业教师从课堂上选拔一批优秀的学生加入兴趣小组，接受专门训练，代表学校参加比赛。在校园文化建设方面，既需要发挥少先队大队部的引领和示范作用，又要为孩子们提供各种展示的平台。学校成立兴趣小组，定期举办艺术节，利用宣传窗、队角、黑板报等阵地宣传百叶龙民间艺术实施活动剪影。为了检验创建百叶龙民间特色艺术学校的成果，每学期对班级和教师的考核，对于表现优异的班级给予一定的奖励，使教师和学生达成共识、付诸行动。

（3）天平中心小学百叶龙的传承内容

①百叶龙的物质传承

百叶龙的物质传承包括道具、传承场域等方面的内容。2013年，天平桥村百叶龙展示厅搬至天平中心小学校内。天平桥村百叶龙展示厅称得上"百叶龙百科全书"，与传承人相比，它是静态的、物质的呈现形式。室内共有两间，面积有四五十平方米。走进第一个展厅，首先看到的是一条粉红色大龙，龙头朝着门口的方向，龙身用绿色纱布包裹。墙壁上是"长兴百叶龙大事记"。第二展厅是主展厅，里面摆放着各个时期珍贵的比赛照片、奖牌和证书，不过最引人注目的要数舞龙的道具，这是20世纪80年代由石玉楼大师设计制作的道具。学校借助展示厅的文物资料，把百叶龙文化与教学结合起来。展示厅负责人说："每年新生入学，我们会分班级组织学生来参观。因为在村子里，百叶龙道具已经并不常见了。参观完之后，通过说、画、唱等方式，把百叶龙表现出来。"由此可见，百叶龙陈列馆不仅仅满足了人们对百叶龙造型的想象，而且能增长知识。学校把一些重要的荣誉也放在展示厅中，就是想通过百叶龙的影响力，来扩大学校的知名度。

②百叶龙的技艺传承

百叶龙技艺的传承主要包括道具的制作和舞龙的技术两个方面，而技艺又有多种呈现方式。既然是技艺，尤其是民俗文化，就要依托传承群体存在。学校为了培养学生的观察力、实践能力，组建了百叶龙历史社团。各个年级又有不同的任务分工，低年级学生向家长及长辈调查了解百叶龙的历史，中、高年级的学生通过综合实践活动课的形式，到传承人家中请教百叶龙的制作过程。

百叶龙的呈现有多种方式，主要通过课堂活动来呈现。课堂也就是将百叶龙校本课程纳入教学计划中，包括百叶龙游戏、百叶龙舞蹈、百叶龙歌曲、百叶龙韵律操和百叶龙刻纸。校本课程每周两次课，即实践课和理论课。理论课由班主任监督，一般以学生自学为主，而实践课是由专职艺术老师担任教学工作，纳入了校本课程的全部内容。各个年级所教内容又有差异。理论课与实践课一起构成第一课堂（教学），百叶龙游戏为主要内容，学校要求每个学生都参与，教务处随时检查考勤和教学进度。

③天平中心小学百叶龙传承的效果

对于天平中心小学来说，乡村学校能够维持下去是十分艰难的。利用百叶龙文化优势，开发地方特色课程，为学校的发展注入新的生命力。学校集中有限的师资力量，最大限度地发挥学生的力量，设计出《我们的骄傲——百叶龙》校本课程，内容包括音乐、舞蹈、手工制作、剪纸等表现形式。把百叶龙文化与教学结合，每个学生都参与百叶龙的活动，在实践中传承百叶龙文化。现在，学校仍然保留着两支舞龙队伍，校内有重要的活动时都会登台表演，偶尔也会接受校外的邀请。

对于整个民间传承群体来说，学校挽救了濒临失传的民间舞龙技艺。特别是传承人家族与学校之间的合作，使百叶龙不至于完全被"都市文化"同化，仍然保留一丝乡土底色。谈小明作为校外辅导，无偿提供培训服务并承担维修道具的任务，培养了一批会舞龙的教练，也使百叶龙继续在学校传承。对他本人来说，这是一种极大的自由和满足。在访谈过程中，他重复最多的一句话就是："我们这一代不能断，百叶龙不能丢。"由此可见传承的危机感、责任感与使命感已经深入骨髓，成为生命的一部分。

第六章　传统体育文化的保护与传承对策

第一节　完善传统体育文化的保障措施

中华传统体育文化融聚了中华文明不同时代、不同领域甚至不同形态的文化因素。发展至今已经形成一个庞大的文化体系。面对纷繁复杂的文化形态的影响，面对市场经济的大潮，面对现代西方竞技体育的冲击，要在一个人口、地域和文化大国做好传统体育文化的传承发展，必须有强有力的政策保障。

一、驱动机制

（一）挖掘并适度发挥娱乐休闲价值

随着社会文明程度的不断提高，年轻一代接受了现代化教育之后观念也发生了变化，对于那些带有封建迷信色彩的集体活动有了新的认识，不再像长辈那样虔诚地参与其中。此类传统体育文化的传承必须通过调整，与新时期的社会背景和人文背景相适应，即实现从"娱神"到"娱人"的功能转变。

羌族的"跳莎朗"是典型实例，这种最具羌族特色的圆圈群舞，在商朝时期是祭天的祭祀舞，之后普遍用于羌族人祭祀白石神、太阳神的活动中，随着时代的发展和社会的变迁，"莎朗"也逐渐从祭神仪式中剥离，在丧葬、婚庆、节日中广泛开展，并以其多姿多彩的舞姿衍生出了"忧事莎朗、喜事莎朗、祭祀莎朗、集会莎朗、劳动莎朗、礼仪莎朗"等多种形式。近年来，羌族"跳莎朗"更多是以娱乐休闲的方式出现在北川、茂县、理县的健身广场上，其健身、休闲、放松身心的功能开始展现，以"娱人"的方式走入寻常百姓的日常生活中。随着当地旅游业的发展，茂县和理县的部分村寨依托羌族文化建立了各种"羌族风情园"，也组建了规模不一的展演团，将"跳莎朗"作为特色活动内容。通过羌族"跳莎朗"的转型可以看出，传统体育文化只有根据时代和社会的发展进行自我调整和适应，才能实现有序传承和持续发展。

（二）选择性地走竞技竞赛传承之路

竞技是所有体育活动最本质的属性之一。对于传统体育而言，能够利用竞技比赛的平台实现传承不失为一种可取路径，尤其是近年来体育赛事全面开花，为各民族的传统体育活动提供了广阔平台。竞技竞赛路径之所以可行，一方面可以使传统体育竞技性的特征得以保持和拓展，另一方面可以吸引政府目光，经费、组织、人力、宣传等方面都可以通过行政途径得到保障。因此，对于具有一定竞技性的传统体育，通过竞技竞赛来驱动参与人群数量的增加、参与积极性的调动和传承长效机制的建立是现实可行的。有些传统体育项目从"田间"走向"赛场"，不仅有效促进了项目自身的转型，也在一定程度上为有序传承拓宽了路径。例如西藏地区的"赛马"，起初骑马只是生产生活中的一种劳动和交通工具，通过竞技比赛，形成了"当雄赛马会""那曲赛马节""江孜达玛节""天祝赛马节"等以"赛马"为主题的综合性节日，不仅促进了赛马相关产业的发展，也促进了赛马传统的形成，对于赛马文化的传承和发展也具有重要的驱动作用。可以看出，竞技竞赛这种形式与当前的社会发展吻合度较高，作为传统体育文化传承驱动机制的调适方向有经验可循，并且是具有现实操作性的路径。

二、实施机制

传统体育文化的传承机制应当朝去功利化的方向调整，规避利益冲突和异化现象，推行"复合型"的传承模式，即推行"师徒制"和"师生制"相结合的传承新模式。

（一）摆脱传统体育文化传承的主要困境

从当前传统体育文化传承面临的主要问题来看，代际传承受阻是核心问题，传承群体数量的减少和传承意识的消隐是主要表现。研究认为，"复合型"模式中，"师生制"是助力传统体育文化走出传承困境的优选路径之一，此处所谓的"师生制"是指围绕教育系统中各学段学生和体育教师建立起来的教授与习练的教学形式或制度。

具体实践中，全面推进传统体育进校园工程，政府教育部门给予政策和经费方面的适当支持，对现有教师队伍进行再培训，使其掌握传统体育文化的基本知识和基本技能，通过"文化通识课""体育课""课外活动""大课间""体育兴趣小组"等形式，使民族地区小学和中学学生群体得到全面而深入的教育，并建立考核、评价机制，借此缓解传统体育文化后继乏人的窘况。同时，通过"复合型"模式中的"师徒制"来解决传统技艺的传承受阻问题，所谓"师徒制"则是指传统技艺（能）掌握者将技艺（能）传授给特定的人或人群的形式或制度。在现实操作层面，政府文化和体育部门可以尝试推行"传承人培育工程"，整理传统体育文化的传统技艺，发掘一部分掌握传统技艺的老师傅，开设民族传统技艺培训班，通过当地体育彩票基金的支持，扶持一部分年轻人前来学艺，同时对技艺的传承过程通过视频录像的形式进行保存，并进行文字材料的整理和出版，以此实现传统技艺的保存和活态化的传承。

（二）有效避免传统体育文化传承的过度异化

传统体育文化在"文化资源产业化"、传统文化资源"专利人化"、旅游开发"商业化"的趋势下，异化情况相伴而生。面对新的发展困境，"复合型"传承模式能有效规避上述现象，传统体育文化在学校的开展和传承只要措施得力，就不会出现异化现象，而"师徒制"也不同于过去磕头拜师成为入室弟子的情况，以保存和传承技艺为宗旨的活动基本属于公益性质，不会出现过度功利化和商业化的问题。再者，技艺传承群体数量的增多，不仅实现了传统技艺的有效传承，也在某种程度上规避了"专利化"独占的情况。

（三）持续推行且有效保障传承效果

从传统体育文化传承机制调适的角度来看，之前"集体无意识"和"非功利化"的自然传承已经成为历史，大环境的改变也几乎不具备重现或重塑的可能。因此，传承机制向"复合型"传承模式调整，具有可操作性的同时，也能有效保障传承效果，毕竟这种传承模式具有"投入少、见效快、可持续"的特点，既可以较快地缓解核心矛盾，也没有异化的风险。

从传统体育传承机制理论框架的角度看，"复合型"传承模式也更加合理：第一，驱动机制比较明确，即激发族民传统体育文化的传承意识和责任，从而激发其积极主动的行为；第二，在实施机制方面采用"小班"传艺和"课堂"教学的形式，具体而有效；第三，在表达机制上也比较容易，传承内容的掌握情况和主观态度都可以集中获取；第四，在保障机制层面，有政府相关部门的制度、经费保障，也有民族文化的情结作为支撑；第五，在反馈机制方面可以更加容易地形成信息反馈回路，而且补齐了传统传承模式反馈机制的短板。

三、表达机制

（一）重新认识并确定传承主体的核心作用

"中华传统体育的数量、种类、特征都堪称世界之最，是一种深厚的古文化遗存的积淀"。基于此，学界早在二三十年前就开始了挖掘、整理传统体育及其文化的探讨和呼吁，并且针对地域、民族、类别等维度提出了多种方法、路径和措施，出现了大量关于传统体育活动方面的科研成果，其中有一部分学者从传承方式、传承人、传承空间、传承路径等方面开展了研究，提出了很有见地的观点。基于学者们的研究成果，将传承主体、传承内容、传承场域、传承介质和传承环境作为表达机制的体现指标，其中，传承主体是表达机制的核心问题，毕竟传承内容是一种相对固定的客观事实，且必须通过传承主体才能发挥作用，传承场域、介质和环境也都需要通过传承主体的创设或选择才能确定。

（二）进行传承主体层面问题的纠偏与归正

1.改变传统体育文化"内部"认识不足的观念

在实地考察中发现，民族地区的居民是出于娱乐、表达信仰或情感、增加节日气氛等才参加以各种节日、农事活动、祭祀活动、信仰活动为依附的传统体育的，意即传统体育并没有被作为一种"体育"的形式来认知和接受，反而更像是一种理论化的"意向性"存在，从客观和理性的角度来看，这种现象是传统体育文化缺乏"内部认识"的集中表现。

2.改变传统体育文化发展促进工作中的"主体缺席"情况

目前，学界关于传统体育文化的挖掘、整理、传承、演进等理论分析和各种担忧，在民族居民群体中未见回应，绝大多数民族居民在传统体育文化发展过程中基本处于缺席状态。当然，传统体育文化的传承和发展不能要求所有的民族居民定期参与、身体力行，或许其千百年来就是在这种自然的状态下传承和延续的，更或许民族居民在其日常生活中的"在场"就是在身体力行地实现传统体育文化的延续，但透过这一现象可见，传统体育文化传承过程中，传承主体的积极性、主观能动性以及责任感还需要进一步培养。

3.改变传承主体对传统体育文化濒危集体漠视的窘况

在众多学者的眼中，传统体育文化的价值是多元和多面的，而且有相当一部分传统体育项目已经受多种因素的影响而濒临消亡，各种担忧屡见报端。然而，对于此类问题同样表示担忧的都是拥有某项传统体育相关技艺、技能的人，即具有"非物质"特征的项目，如"独木龙舟"的制作技艺、传统弓箭的制作技艺等，而外围的族员则并不存在此忧虑和危机感。

（三）调整传承主体的观念、角色和行为

"传统体育的参与者通过直接或间接参与传统体育实践中的体育运行、信息传播等，进而获得传统体育文化的认识"。因此，"传承主体"意识上的缺席在很大程度上影响了传统体育文化的传承和发展，传统传承机制的调整要以传承主体意识的调整或建构为中心。

1.传统体育文化观念从弱到强的强化

从现实情况来看，各族族民的传统体育文化观念相对薄弱，对于"体育"的认识和理解相对欠缺，需要利用各种媒体，尤其在重大的仪式性活动中进行引导和宣传，使广大族民对于传统体育文化的价值有基本的认识，通过后期实践逐步建立和增强传统体育观念，形成传统体育文化意识。

2.传承主体角色"从外人到主人"的转变

各族族民不仅是传统体育文化最鲜活和有力的载体，也是传统体育文化的创造者、传承者和主导者，还是最大的受益者。无论从哪个角度，传者和承者的传承主体都应是传统体育文化的"主人"而不是"外人"，因此，各传统体育文化传承机制的调适，要通过大

力宣传和各种形式的教育活动，使各族族民以"主人翁"的态度去对待传统体育文化的传承。

3. 传承行为"从被动到主动"的激发

"传统体育是以身体活动为载体的，离开了参与者的亲身从事，传统体育就失去了本真意义和价值"，所以说，传统体育文化的表达机制调适，要在族民建立传统体育文化观念和转变角色的基础上，对传统体育文化当前面临的传承困境进行分类宣讲，尤其是要在学校对青少年群体进行宣传和教育，并且强调每个族民的重要性，使其具有忧患意识，从而形成责任意识并激发积极主动的传承行为。

四、立法机制

（一）构建保障中华传统体育文化传承发展的法律体系

"立善法于天下，则天下治；立善法于一国，则一国治。"顺利推动中华传统体育文化传承发展，首先要做到立法先行，构建保障中华传统体育文化传承发展的法律体系。党的十八大以来，党和政府高度重视体育和文化发展，对体育强国战略、文化强国战略、中华优秀传统文化传承发展做出一系列制度规定，体现了党和政府推动中华传统体育文化传承发展的意志，这种意志需要通过立法的形式上升为国家意志，推动国家层面和地方层面积极立法。

1. 国家层面积极立法

目前《体育法》正在修订过程中，借助修改《体育法》的契机，在《体育法》的修改中增加中华传统体育文化的相关规定。鉴于《体育法》中倡导性条款较多，同时在《体育法》中进一步细化完善已有相关规定，使之具有针对性和可操作性。推进制定中华传统体育文化保障的行政法规，有必要修改《全民健身条例》，增加中华传统体育内容，对其做出专门的规定，予以特别保障。

此外，积极制定部门规章。国务院相关部门在自己的职权范围内，发挥行业管理的优势，可以对中华传统体育文化传承发展做出更细致的规定。法律的位阶越高越具有权威性，相比于制定部门规章，国务院制定行政法规更适宜，有利于在全国层面而不是行业层面对中华传统体育文化传承发展进行部署。

2. 地方层面积极立法

中华传统体育文化，流行于中华大地，包括民族的、民俗的、民间的体育文化，多分布在特定的具体区域，具有明显的地域性，所在省或地级市可制定地方性法规或地方政府规章。地方性法规和地方政府规章有利于进一步为国家层面立法提供经验、奠定基础，有利于挖掘和发展地方特色体育文化，保障和实现中华传统体育文化的多元化，积极促进中华传统体育文化传承发展。

（二）明确中华传统体育文化立法保障的重点内容

无论是国家层面的立法，还是地方层面的立法，都要围绕中华传统体育文化传承发展的实际，明确以下重点内容：

一是要做好中华传统体育文化的挖掘整理，建立台账，研究利用，对于符合条件的，还应申报国家级或地方非物质文化遗产代表性项目名录予以保护。

二是要抓好中华传统体育赛事与群众活动。重大赛事如全国性的少数民族传统体育运动会和地方性的少数民族传统体育运动会应定期举办，因为少数民族传统体育运动会可以促使少数民族传统体育获得较好的开发与保护，借助少数民族传统体育运动会可以较好地保护少数民族传统体育运动项目。

三是要开展群众性体育活动，充分利用好中国传统节日或当地传统节日，通过传统体育文化的融入丰富传统节日内涵；开展中华传统体育文化展示展演活动。

四是要推动中华传统体育文化进社区和校园。推动中华传统体育文化进社区，"加快传统体育文化的现代化转型，促进传统体育文化与现代城市社区生活中的社区环境、生活方式紧密融合"。推动传统体育文化进学校，尤其在少数民族地区，因为"少数民族地区将当地的传统体育项目进行课程开发并适当融入学校体育教育，可以很大程度上促进少数民族传统体育文化的教育和传播，也有助于缓解代际传承危机"。

五是要促进中华传统体育文化产业化发展。中华传统体育文化具有产业化的经济价值，其产业化发展在许多地区已经取得了成效。我国居民消费正在优化升级，为扩大内需、促进经济增长、满足人民对美好生活的向往，传统体育文化有必要走产业化发展道路。

六是要推动中华传统体育文化国际传播。中华传统体育文化，是我国特有的独具魅力的体育文化，需要对外传播，不断提升我国软实力。

（三）推动工作从主要依靠政策性文件到主要依靠法律转变

领导和管理体育、文化工作是政府相关部门的职责，中华传统体育文化传承发展更多需要政府相关部门的推动。法律和政策性文件虽然是调整社会关系、推动工作开展的相关规定文本，能对推动事业发展起到一定的积极作用，但在制定主体、稳定性、决策机制等方面存在明显的不同。

以法律中的地方性法规、地方政府规章为例，地方性法规、地方政府规章与政策性文件相比，一是制定主体不同，地方性法规的制定主体是省和地级市人大及其常委会，地方政府规章的制定主体是省和地市级政府，有利于统一辖区内各方面的意志，避免部门利益冲突，而政策性文件任何政府相关部门都可制定，无法避免利益部门化。二是稳定性不同，地方性法规、地方政府规章的制定程序由法律规定，比较严格，一经颁布，非经法定程序不得随意更改或废止，有较强的稳定性，而政策性文件没有严格的制定程序，稳定性不强，随着社会发展而不断变化，有时还会取决于"长官意志"。三是决策机制不同，政策的决策机制是一种人治决策机制，与法治有时是对立的。鉴于以上不同，政府相关部门要从理念到行动，推动中华传统体育文化传承发展从主要依靠政策性文件到主要依靠法律转变，及时立法或提请本级人大常委会、本级政府立法，更多发挥立法的引领保障作用。

（四）积极落实法律做到依法行政

法律的生命力在于执行。天下之事，不难于立法而难于法之必行。"'徒法不足以自行'，任何法律都需要靠执行和遵守方能生效，否则，就是一纸空文。"一方面，落实中华传统体育文化相关法律法规，首先要重视中华传统体育文化的地位。2019 年国务院办公厅印发的《体育强国建设纲要》将"促进体育文化繁荣发展，弘扬中华体育精神"列为五大战略任务之一，将"体育文化建设工程"列为九项重大工程之一。对照《体育强国建设纲要》，当今的体育事业已形成了全民健身、竞技体育、体育产业、体育文化、体育外交五位一体的总格局。体育文化对体育事业发展起思想上的塑造和行动上的指引作用，具有非常重要的地位。作为体育文化主要渊源之一，奠定了中国体育文化发展基础的中华传统体育文化，对体育强国建设的重要性不言而喻。鉴于中华传统体育文化的重要地位，要全面理解体育事业内涵，进一步重视中华传统体育文化，只有思想上重视了，才有利于政府相关部门依法履行法定职责，不搞"亲疏远近"、选择性落实。

另一方面，严格落实法律相关规定。政府相关部门作为法律执行机关，其权力来自法律的规定，"法定职权必须为"，一旦法律对某项工作作出规定，就赋予了政府及其相关部门该项权力，必须依法行使该项权力，做到依法行政。中华传统体育文化传承发展，离不开政府相关部门的积极作为。国家和地方层面立法后，政府相关部门需要严格落实法律。落实法律的过程，其实是对法律进行检验、评估的过程，从中发现不足，积累经验，从而更有利于科学立法，使立法符合中华传统体育文化的发展规律。

（五）提高依法行政能力

在依法治国的时代背景下，政府相关部门需要不断提高依法行政能力。

一是要认真学习宪法尤其是涉及中华传统体育文化方面的法律，不断培养法治意识和法治素养，为通过法治方式传承发展中华传统体育文化提供思想基础和智力支撑。法律规定是开展工作的依据，要建立健全学法用法机制，开展相关法律培训，形成浓厚的学法、尊法、守法、用法氛围。

二是要通过政务公开倒逼依法行政。充分运用互联网，推动中华传统体育文化传承发展政务公开，做到决策、执行、管理、服务、结果公开。按照职权法定、程序合法要求，依法梳理相关部门行政职权，编制行政职权目录，明确行使权力的主体、依据、运行程序和监督措施等，并向社会公布。通过政务公开方式，保障公众知情权、参与权、表达权和监督权，倒逼政府相关部门依法行政，不断提高依法行政能力，切实在法治轨道上推动中华传统体育文化传承发展。

三是要抓住"关键少数",发挥领导干部的带头作用。领导干部是党和国家事业发展的"关键少数",其信念、决心、行动,对全面推进依法治国具有重要意义。具体到推动中华传统体育文化传承发展,政府相关部门领导干部需要提高运用法治思维和法治方式的能力,做好相关法律的制定、落实,做到依法行政。

五、保障机制

文化传承是一个相对复杂的过程,不仅周期长,而且其促成因素和制约因素具有多元性,政治、经济、信仰、教育、制度等都不同程度地影响传统体育文化的传承和发展。研究认为,传统体育文化传承的保障机制应当从之前"多点支撑"的情况,逐渐转向以制度和经费为主的"双项支撑"。

(一)制度是传统体育文化传承保障

机制的"抓手""制度",出自《易·节》:"天地节,而四时成。节以制度,不伤财,不害民。"在社会科学领域泛指"以规则或运作模式,规范个体行动的一种社会结构"。制度具有多方面的功能,同时,"制度与文化有非常密切的关系,制度的本身就是文化的组成,而文化在很大程度上是通过制度体现的"。从传统体育文化的传承来看,制度在其中所发挥的引领、规范、约束、激励等作用最为明显,因为制度在某种程度上反映了政府部门的意志,也是社会政治、经济、文化环境的集中体现。

(二)经费是传统体育文化传承保障机制的"杠杆"

相比而言,经费虽然没有制度的引领、约束、激励作用,但其作用也不容忽视。近年来,关于传统体育传承、保护和发展的各项研究中都指出了经费短缺的问题,可以说,"缺乏经费支持"也是传统体育文化传承的限制性因素之一。自古以来,传统体育活动开展都有一定的经费或物资作为保障,活动经费主要用于场地、器材、所需物资、奖品或奖金等方面,发挥着"杠杆"作用。贵州台江施洞镇的"独木龙舟"的传承情况可以较好地体现这一点。贵州台江县的"独木龙舟节"是一年一度的盛大节日,历史悠久,参与者众,均以村寨为单位组队参赛。按照传统,参赛的龙舟上必须有"鼓头"这个核心人物,"鼓头"既是比赛中的指挥人员,也是整支龙舟能否参赛的关键人物,负责组建参赛队员。"鼓头"要在4天的比赛期间内用酒肉招待参赛的"撑篙""掌艄""锣手""炮手"和"桡手",比赛结束后要送鸭、鹅作为礼物,还得杀猪请村寨的人吃酒。能被村民推选为"鼓头"虽然是一种荣誉,但仅仅依赖比赛沿途亲戚的送礼是难以保持收支平衡的。"20世纪50、60年代,每年有20~30支龙舟参赛,但到了20世纪80年代只有十几支龙舟下水比赛,20世纪90年代,仅剩几支龙舟参加比赛",其中重要的原因就是经济压力大而无人愿意担任"鼓头"。

近年来，在居民经济观念发生改变的情况下，"鼓头"更加难找，"独木龙舟"的传承和发展也因此陷于艰难境地。从独木龙舟的发展历程中不难看出当前传统体育文化传承中经费具有的重要作用。概言之，传统体育文化的传承应当结合社会发展的背景、现况和趋势对保障机制进行调整，以"制度和经费"两个核心点为主要抓手，带动其他因素共同发挥作用，形成"双项支撑"和"多点辅助"的保障机制，方能更好地促进其有序和有效传承。

六、反馈机制

传统体育文化传承要建立正反馈和负反馈的作用机制，有重点、有侧重、有针对性地建立传统体育文化传承效果评价体系，进行动态监控和评测，以完整的反馈回路促使传统体育文化的传承形成完整、有序和有效的循环。

（一）建立基于正、负反馈的传承评价体系

反馈机制是在"系统观"框架内的一种提法，此处之所以将反馈机制作为传统体育文化传承机制的一个板块，正是将传统体育文化的传承和传承机制作为一个系统来考虑的，传承过程本身就是由多个环节构成并相互作用的系统，而传承机制是关于传承环节内部因素及其相互关系的概念，也是一个整体性的系统。结合传统体育文化传承机制来看，某个民族的传统体育文化就是一个相对完整的系统，所包含的传统体育文化类型越多，其传承越困难，整个系统的平衡越难维持，即所谓的"正反馈"。因此，要维持系统的稳定，就需要负反馈，从传统体育文化传承的角度来看，负反馈就是传承效果，实现有序和有效传承的传统体育文化类型越多，这个民族的传统体育文化传承系统越容易保持平衡，也就会发展得越好。

（二）建立以传承效果评价为中心的反馈机制

传统体育文化传承机制的反馈机制，要以"系统观"作为统揽，从"正反馈"和"负反馈"的角度进行调整。

1. 从正反馈的角度

控制某个传统体育文化中进入传承体系的类型数量。在某种意义上讲，所有的传统体育文化和同一个民族的所有传统体育文化类型都是平等关系，但就历史文化内涵、传统价值和意义、基本知识的丰富程度、技术技能的体系化程度而言，不同类型的传统体育文化之间还是存在一定差异的，意即传承的必要性和传承价值是有区别的。因此，各民族应建立传统体育文化传承体系，通过挖掘、整理和论证，筛选出一部分传统体育文化进入本传统体育文化的传承体系，给予制度、经费、资源等方面的配给，从而促进其传承和发展，进而从正反馈的角度维持整个传统体育文化传承系统的稳定和平衡。

2. 从负反馈的角度

建立以"传承效果"评价为中心的反馈机制。为了保证某个传统体育文化传承系统的稳定和平衡，还需要以传承效果为最终落脚点建立评价体系，对纳入传承体系的传统体育文化进行定期评价，从传承主体（人数变化、技能水平、参与时间、参与频度）、传承内容（完整性、系统性、合理性、有效性）、传承过程（集体组织、个人随机）和传承效果（大众知晓度、群众参与度、群众认可度、参与自觉度、传播面）查找传承过程中存在的问题，并采取措施进行纠偏和改进，保证传承过程的正常进行，尽可能多地增加有效传承的传统体育文化数量，意即从负反馈的角度保证整个传承系统的稳定和平衡。

第二节 扩展传统体育文化交互研究的广域

传统体育文化在新时期下的发展主题就是文化自信，民族传统体育文化能够凭借自身悠久的历史和深厚的文化自信，不断发展民族文化特征，体现民族传统体育文化在新时期下的特殊意义价值，实现可持续发展。

一、加强对民族传统体育文化的传播

总体来说，传承民族传统体育文化的前提在于加强对传统体育文化的认知和认同，只有做好全面的了解和认识，才能具备文化自信，具备文化自信之后才能让民族传统体育文化真正转化成一种自觉的实践。全球化给我国民族传统体育文化的传承发展带来了很多压力，但同时也带来了一些发展机遇，主要体现在以下几方面。

首先，体育全球化需要以民族传统体育文化为基础，这就给我国民族传统体育文化的发展提供了新的平台，互联网、信息技术和通信技术支撑了体育文化的快速发展，给传统体育文化提供了崭新的平台。

其次，体育全球化能促进各个国家之间的民族体育文化深度交流，突破地域和封闭性的束缚，打破传统的发展模式，让传统文化走向世界，获得更多的共鸣和认同，这不仅能加强我国民族传统体育文化的发展动力，还能成为东西方体育文化互相渗透的主要载体。

因此，在民族传统体育文化传承发展过程中，需要把握住体育全球化带来的全新发展机遇，着眼于国内与国际两个市场，加强对民族传统体育文化的传播。要深入挖掘民族传统体育文化内涵，增强群众对民族传统体育文化的认同度，可以挖掘摔跤、赛马、武术等传统体育项目，让这些项目真正被纳入民运会中，突破地域性的界限，让各个民族保持高度认同，并积极参与。同时，在民族传统体育文化的教育方面也要进一步发展，要让其贯穿基础教育、职业教育、高等教育、继续教育等各个阶段，鼓励各高校积极构建民族传统体育专业教育体系。当前民族传统体育项目走入校园后，还需要确立民族传统体育文化以自我为中心的价值导向，加强对外开放与合作，以促进我国民族传统体育文化走向时代化、现代化的发展道路。在传播形式上要加强对信息技术的应用，要结合民族传统体育文化特色进行传播。

二、促进传统体育文化产业化发展

针对民族传统体育文化要进一步打开投资渠道，由于我国大多数少数民族都处于贫困地区，财政收入和居民收入较低，难以依靠自身解决民族传统体育文化传承发展中的基础设施薄弱的问题。因此，可以通过移动支付、设立民族传统体育专项资金等方式，促进民族传统体育文化的开发与产业开发；各级政府要做好精准扶贫，加强对薄弱环节的资金支持，加大民族传统体育文化产业发展力度。同时，调动社会各方力量的投入，为民族传统体育文化传承和发展提供良好支持。另外，要对民族传统体育文化资源做好整合工作，推动民族传统体育文化的产业发展。可以打造相关的民族传统体育品牌、特色赛事等，围绕特色体育赛事，开发服装、运动器材、民族体育周边等产品，形成一条完整的产业链。

（一）以有效的科学理论为指导

任何行动都需要理论的指导，民族传统体育项目的开发也不例外。民族传统体育产业理论研究不足是我国民族传统体育产业发展的一个缺陷。因此，文化生态视角下，要使我国的民族传统体育产业得到发展，必须补齐这个短板，加强有关的理论研究，形成一套科学严谨的理论体系。

建立科学严谨的理论体系要从两个方面着手，一方面政府要加强引导和扶持。就体育产业的发展而言，对民族传统体育产业开发和发展具有重大作用的是政府的产业支持政策。政府应该制定明确的民族传统体育产业发展政策，不一定有倾斜性。根据各国的经验，倾斜性的产业政策有利也有弊，它虽然可以对产业的发展起到很大的刺激作用，但是带有很强的功利性。其刺激作用也是短期的，它对该产业的长期发展容易造成一定的消极影响，使市场制度建设难以实现。所以，政府制定的民族传统体育产业政策要具有平等性和稳定性，应该是支持性政策，应该有利于形成市场制度。这样的产业政策才能对社会投资起鼓励作用，才会使各个层次的经济组织能够形成并且开展公平竞争。

另一方面依据文化生态学的有关要求完善民族传统体育市场体系。随着市场经济的发展，政府办体育已经不符合时代趋势了，政府要积极实现管体育的转变。民族传统体育产业公司可以由政府出面设立，独立的法人资格是公司应该具备的，这样企业才能做到自主经营、自负盈亏，实现自我发展。对民族传统体育产业进行宏观管理的是体育主管部门，宏观管理应该拥有一定的体系，并且有必要的调控方式和手段。政府进行控制和干预的目的是促进民族传统体育产业的健康发展。在制定有关发展规划时，要实现当前利益和长远利益的统一，开展综合考虑和安排。

（二）以文化生态视角进行民族体育项目开发

根据文化生态学的理论，民族传统体育功能多样特征突出，社会接受性好，对市场的适应性强。它不仅具有竞技和健身的功能，还具有娱乐和艺术的功能。因此，民族传统体育打开市场是有可能的。我国虽然民族传统体育资源丰富，但开发力度小。对现有民族传统体育资源进行科学合理开发是我国当前急需解决的问题。在开发时，也需要改造和加工以提高开发的质量。自然、粗糙和原始是我国大多数民族传统体育项目的特点，这使得国内外游客的参与难以实现。只有以文化生态视角进行合理有效的开发，民族传统体育资源才有可能产生经济效益。民族传统体育产品实现商业化要以其完善程度和发展情况为根据。目前民族传统体育项目推向市场的层次分为三个：游戏规则完善、娱乐性和观赏性强的项目是第一层次，例如赛龙舟、抢花炮、舞龙、打陀螺、射箭等；有一定程度的开发，宣传和表演比较多，但包装和雅化不足的项目是第二层次，例如秋千、跳竹竿、斗牛斗马等；尚未开发，还不满足上市条件的是第三层次。开发民族传统体育资源可以分为健身类、探险类、参与类、观赏类、休闲类五大类，开发的根据是项目的功能和形态。

（三）积极与第三产业实现融合发展

旅游业是公认的朝阳产业，发展潜力巨大，是西部大开发的支柱产业和战略产业。西部大开发的战略方向是各个少数民族应该适应的方向。因此，它们应该使自己的人文资源和自然资源得到充分利用，使以旅游业为代表的第三产业得到快速发展。旅游业是民族传统体育产业的关联产业，旅游业中的重要特色内容就是民族传统体育项目。所以，把民族传统体育产业融入旅游业等第三产业中发展是其重要的发展道路，符合文化生态学的要求。这样可以使民族传统体育产业借助旅游业的发展，实现自身的发展和相互推动。

（四）注重民族传统体育产业的人才培养

科学的理论指导和有力的政策支持是传统体育产业发展的外部因素，而民族传统体育产业人才是影响该产业发展的直接因素。文化生态学认为，只要拥有合格的民族传统体育产业人才，民族传统体育产业的发展才具有人才保障。培养专业人才可以按照经营管理人才、表演人才和市场开发人才三个方向来进行。经营管理人才应该对市场经济规律非常熟悉，具备现代企业经营管理能力，能够根据市场信息做出正确的经营决策，能够使投资的回报有保障。表演人才应该能够表演少数民族的传统体育项目，而且表演具有一定的观赏性。市场开发人才应该对体育市场的宏观管理有很好的掌握，能够预测产业发展中可能出现的问题，并且有能力予以解决。

三、让民族传统体育文化走入全民健身体系中

把民族传统体育文化渗透到全民健身中是解决体育全球化，突破民族传统体育文化存在缺陷、瓶颈的重大举措，同时也是加强对民族传统体育文化传播的重要路径。

首先，在融入全民健身体系后，可以从根本上普及我国的民族传统体育项目。根据以往调查显示，在全民健身中，太极拳、武术等传统体育项目受到了群众的广泛喜爱，这不仅说明群众的休闲娱乐质量和身体健康意识在不断提升，还代表民族传统体育文化在全民健身中一直在传承。然而把民族传统体育文化自觉渗透到全民健身体系中，能满足群众健身需求的同时，还能给民族传统体育文化带来更大的发展空间。其次，融入全民健身体系还能给民族传统体育文化实现更多的创造性转化，如根据武术特点改编的长拳，在传承了武术灵活轻巧的同时，还具备了刚柔并济的特点，已经成为我国武术表演和武术比赛中的一项重要项目，并且已经被列入亚运会比赛项目。最后，把民族传统体育文化渗透到全民健身体系中，还能进一步对民族传统体育文化的表现形式与时代内涵进行创新，民族传统体育不仅有高雅、娱乐、强身健体、修身养性等作用，其中还蕴含丰富的中华民族精神，如担当意识、爱国情怀、崇德向善、礼义廉耻等价值标准，潜移默化地影响人民群众的道德行为。民族传统体育文化的传播也是国人的生活方式、思想观念的一种集中表达。需要注意的是，在民族传统文化融入全民健身体系的过程中，需要尊重少数民族的特殊习惯，结合时代需求。

第三节　加强传统体育文化与国际体育文化的交流

由历史发展看，中国体育文化主要的渊源之一是中华传统体育文化，它奠定了中国体育文化发展的基础；而要建设体育强国，发展中国特色体育文化，首要思考的就是如何做好中华优秀传统体育文化立场的坚守，如何做好中华传统体育文化基因的传承，如何做好适宜中华优秀传统体育文化传承与发展有效路径的打造。

一、以客观、科学的态度对待中华传统体育文化的传承与发展

中华传统体育文化发展、丰富于人文思想气息浓厚的华夏传统社会中，从其运动形式、运动特点乃至运动方法中蕴含的思想内涵，直到其整个体系的构成，都会在其发展的每个时代留下传统文化的烙印。其烙印或精华，或糟粕，都在不同时期深深地影响着中华传统体育文化的不同侧面。历史发展到各种思想、各种信息交流畅通无阻的今天，要使中华传统体育文化为当代中国体育发展服务，最首要的就是以客观、科学的态度在传承与发展上下功夫。

"坚持什么样的立场、采取什么样的态度，是传承发展传统文化的首要问题"。因此，如何认识和把握传统与现代的关系问题，如何将中华传统体育文化的精华融入当代中国体育文化的建设中，是中国特色体育文化建设与发展进程中必须回答和解决的重大课题。

中华传统体育文化是在不断形成与变化中被传承与发展的，它在时时刻刻地影响着我们的社会和生活。历史的进步，时代的发展，已经证明了传统会随着发展而出现一定程度的变化，从传统空间、价值形态和发展变化的视角来看，中华传统体育文化永远处于制作之中、创造之中，也永远处于变异之中。传统体育一旦被创造出来，既可以被创造这一传统体育的民众所传承、享用，也可以被其他领域、其他民族、其他群体的民众所传承和享用。传统体育既可以是已经被某个地区、某个民族或某个群体的民众所创造、沿传和流变的体育事项，也可以是将要被某个地区、某个民族或某个群体的民众所创造并且能够沿传和流变的体育事项。所以，对待中华传统体育文化的传承与发展要采取客观和科学的态度。

要辩证地看待中华传统体育文化的优势和局限。蕴含丰富思想哲理和道德资源的中国传统文化，为传统体育文化的发展和丰富提供了丰硕的宝库。在人类历史的发展过程中，其对丰富人民大众社会生活、对多民族中华大家庭的融合、对中华体育精神的形成和丰富、对激励中华儿女奋发向上、对推动中国社会发展进步都发挥了十分重要的作用。但同时也要看到，中华传统体育文化是在特定历史条件下产生和发展起来的，因而不可避免地存在陈旧过时的不合时宜的东西。这也是中华传统体育在近代以来未能与现代西方体育达到同步发展的原因之一。

在建设体育强国的时代背景下，中华传统体育文化要在新时代获得发展的新动力，就要以顺应时代、向前展望为前提。另外，在保持中华民族自身特色与优势的过程中，也要不断突破历史进程中所造成的局限、逐步摒弃那些与时代需求不相符的内容，在用新的体育科学理论校正自己发展方向的同时，不断吸收不同类型人类体育发展的优秀文明成果。只有如此，中华传统体育文化才能在鉴别中传承、发展，才能为中国特色体育文化的发展提供丰厚的滋养。

二、在保护、融通的基础上传承中华传统体育文化

在中华文明发展中孕育的中华传统体育文化，在中华民族生生不息、发展壮大的过程中不断获得丰厚的滋养，所以保护与宣传中华优秀传统体育文化，本质上就是保护中华体育文明之根。而这一点也是中华民族传统体育文化能够获得传承的基础。

要坚持保护为主、抢救第一、合理利用、加强管理的方针，做好体育非物质文化遗产的传承。在中华传统体育文化体系中，最突出的还是从技艺的角度以非物质文化遗产的形式展示给我们的多种多样的运动方式。因此，传统体育（为了利于国家级非遗名录的申报和管理，国家有关部门根据专家和学者的不同分类方法，统一将中国非物质文化遗产分为

十大类别，其中传统体育和游艺与杂技被归为一类，即"传统体育、游艺和杂技类"）作为我国体育非物质文化遗产的主体，随着中国文化的大发展大繁荣和民族地区文化的发展，在引起人们重视的同时，已开始获得一定程度的发掘、整理、研究、宣传和保护。两办发布的《关于实施中华优秀传统文化传承发展工程的意见》第十条"保护传承文化遗产"指出："要实施非物质文化遗产传承发展工程，进一步完善非物质文化遗产保护制度。推动民族传统体育项目的整理研究和保护传承。"整理研究和保护是传承的基础，只有政府重视，政策到位，在做好保护工作的基础上，中华传统体育文化一定会在当代中国体育的发展中体现出其应有之义。

融通多媒体资源，创新表达方式，彰显中华传统体育文化的魅力。融通多媒体资源，已成为大力彰显中华传统体育文化魅力的重要一步；而创新表达方式，就是在保护的基础上传承中华传统体育文化，就是要把具体的传统体育活动融入现代人的生活，就是把传统体育文化的精华融入当代体育文化建设，并以此构建作为国家战略的全民健身文化的大格局。

面对历史悠久、传统深厚、项目繁多的中华传统体育文化，办好传播平台，使其广泛而深入地"随风潜入"到寻常百姓家，既可示范引领，又可"润物细无声"地培养受众、培育市场，使传统体育文化通过全民健身这一社会大平台给予大众健身生活以深刻影响，确立中华传统体育文化广阔的社会地位。

三、推动中华传统体育文化与当代体育文化相融相通

"要以培养担当民族复兴大任的时代新人为着眼点，强化教育引导、实践养成、制度保障，发挥社会主义核心价值观对国民教育、精神文明创建、精神文化产品创作生产传播的引领作用，把社会主义核心价值观融入社会发展各方面，转化为人们的情感认同和行为习惯。坚持全民行动、干部带头，从家庭做起、从娃娃抓起。深入挖掘中华优秀传统文化蕴含的思想观念、人文精神、道德规范，结合时代要求继承创新，让中华文化展现出永久魅力和时代风采。"我们保护、传承中华传统体育文化的目的，就是使其为当代中华体育的复兴、为中国特色体育文化的建设服务。而要实现这一目的，应当认真梳理中华传统体育文化的精髓，认真梳理蕴含其中的思想理念、传统美德和人文精神，使其滋养当代中国体育文化的成长，并在研究、梳理和总结传统体育文化遗产精髓的基础上，使其更好地融入国民教育、道德建设、文化创造和生产生活中。

融入国民教育，就是要把中华传统体育文化全方位融入体育教育。这里的全方位融入包括启蒙教育、基础教育、职业教育、高等教育和继续教育各个领域。同时，要加强对中华传统体育文化相关学科的建设，对具有重要体育文化价值和传承意义的运动形式给予足够的重视，使其融入校园文化中。而把中华传统体育文化全方位融入体育教育，实质上就是推动传统体育进校园，把中华传统体育文化的精髓全方位融入国民体育教育体系中。

融入道德建设，就是要把中华传统体育文化全方位融入当代道德建设中。实际上，历经数千年而形成的中华传统体育文化，无论是具体的运动形式还是所体现出的文化内涵，在许多方面都体现了中华传统美德，诸如崇德向善、见贤思齐的社会风尚，评判是非曲直的价值标准，敬业乐群、扶危济困、孝老爱亲的传统美德等。只有深入挖掘中华传统体育文化中的道德教化资源，并在当代体育文化建设中做出合理的阐发和运用，才能涵养中国特色体育文化的主流价值，才能涵育中国特色体育文化的美德善行。因此，在大力弘扬中华传统体育文化美德的过程中，只有将其纳入当代体育文化发展的思想道德建设和精神文明创建全过程，才能潜移默化地向当代体育文化渗入优秀传统体育文化的精髓，培育积极健康的当代体育文化新风尚。

融入文化创造，就是要把中华传统体育文化全方位融入当代的文化创造中。中华传统体育文化一个最突出的特点，就是丰富的运动形式来源于广大民众的生活实践，并受到不同时期传统文化思想的熏陶。正因为如此，这种从民众和实践中发展而来的文化形态，更易于成为文化创造的对象和素材。中华传统体育文化作为一种独具东方魅力的民族民间文化，有其民族的、地域的和传统经典的内涵，因而从传统体育文化中提炼题材、激发灵感、汲取养分，是创作更多体现中华传统体育文化精髓以及反映中国人在体育中蕴含的审美追求和价值观念优秀作品的重要源泉。唯有如此，才能使当代中国体育的文化意蕴更浓厚，具有更加鲜明的中国风格。

融入生产生活，要在注重实践与养成、需求与供给、形式与内容的结合上做足文章，并以此把中华传统体育文化内涵更好更多地融入生产与生活的各个方面。同时可以进一步推动当代体育生活与传统体育文化的融合，丰富与培育符合现代人需求的传统体育文化。我们主张把中华传统体育文化融入生产生活，还有一个更主要的目的，那就是通过抢救和发展濒危优秀传统体育项目，可以使其更好地传承下去，同时也可以将其纳入全民健身工程，为大众健身服务。我国是一个资源丰富、人口众多的国家，在多民族组成的中华民族大家庭中，每个民族都有自己的风俗习惯，都有自己的传统体育风俗，也都有自己延续了几代人的健身习惯。正因为如此，将中华传统体育文化因地、因时、因民族地融入人们的生产生活、融入全民健身，对落实处于不同地域、具有不同文化禁忌的不同民族的全民健身战略，有着最具实际的意义。通过融入生产生活，中华传统体育文化中那些因人为原因而导致濒危的运动项目，也会得到一定程度的抢救和保护，并随着全民健身的开展而获得应有的传承。

四、在交流互鉴中提升中华传统体育文化的国际影响力

在世界信息广泛传播、人际交往更加频繁的今天，只有全方位地做好对外文化交流合作，才能更充分地助推中华传统体育文化的国际传播。在这种国际传播中，要注重人文交流方式的创新和文化交流内容的丰富，在此基础上达到提高中华传统体育文化国际交流水

平的目的。与此同时，还要"充分运用孔子学院……体育活动……助推中华优秀传统文化的国际传播。支持中华武术等中华传统文化代表性项目走出去。……通过华侨华人、文化体育名人……讲好中国故事、传播好中国声音、阐释好中国特色、展示好中国形象"。

中华传统体育文化在国际上的交流与互鉴，是在遵循不忘本来、吸收外来、面向未来的宗旨下进行的，因而这种交流既要立足中华本土，保持对自身传统体育文化的自信、耐力和定力，同时又必须面向世界，在汲取不同体育文明养分中实现中华传统体育文化的创新发展。

不忘本来，就是要保持中华传统体育文化的民族性。历史发展证明，在数千年的历史演进过程中，中华传统体育文化以其独有的民族特色和内涵，丰富的人文理念、智慧及神韵卓立于东方体育文化之巅，而且毫无断绝地延续至今，绽放夺目的光彩。为此，我们在与不同世界体育文明的对话交往过程中，必须坚定中华体育文化自信，以我为主，保持独特的民族性。只有如此，才能在体育文化传承中保持中华体育精神、体育风格和体育气派的生生不息。

吸收外来，其主旨就是要广泛借鉴各国体育文化的优秀成果。只有交流，文明才能多彩，只有互鉴，文明才致丰富。东方也好西方也罢，任何一种体育文化都有自己的本色，都有自己的长处与优点，并都存在可供学习与借鉴的地方。

面对开放的世界和开放的中国，中外体育文化的交流正在向广度和深度进军。各类孔子学院、各种国际体育活动等已经成为我们敞开胸襟、放眼世界、广泛借鉴吸收各国各民族体育文化的平台。在体育文化的交流中，只有吸收外来，才能获得对方的长处和精华，才能在中华传统体育文化创新发展过程中注入新的活力。

面向未来，就是要在构建人类体育文明共同体的过程中做出自己的努力。随着我国综合国力与国际地位的提高，尤其是中国体育逐步走向世界，中华民族在构建人类体育文明共同体过程中扮演的角色越来越重要。在中华传统体育价值理念影响不断增强的同时，国际社会对中华传统体育文化兴趣也在与日俱增。不过，我们也应该清醒地认识到，由整体而言，中华传统体育文化的传播力和影响力与中国的经济实力和大国地位还是很不相称的，在中国体育文化走出去与经济走出去的互动上，还没有形成相应成熟的匹配。只有着力传播中国传统体育文化价值观念，打造中华优秀传统体育文化品牌，才能让世界认识到一个体育传统文化丰富的中国、体育形式多彩的中国和体育资源博大的中国。

五、传统体育文化"讲好中国故事"的国际传播

中国传统体育文化是我国文化软实力的重要组成部分，是中国体育不可或缺的重要主体，因此，讲好中国传统体育故事，将成为影响我国大国形象和体育强国建设的重要因素之一。

（一）讲好中国传统体育文化故事的内涵

"讲故事"在中国语境中属于古老的信息传递方式，是讲述者与倾听者在特殊情境下建立起来的沟通空间，并不断有新的讲述者和故事情节融入其中，通过讲述者与倾听者之间的互动、沟通而达到对双方和周围资源的理解与融合。在西方语境中"Story"本身具有"故事"之意，但也可以被翻译成"新闻报道"，纵观美国的新闻发展史，其实质是"信息传递模式"和"故事讲述模式"此起彼伏的过程，"讲故事"从未缺席过。《华尔街日报》的撰稿人布隆代尔主张，传播行业的从业者既要做事实的传递者，也要做故事的讲述者。

"讲中国传统体育文化故事"是在特定的情景下将传统体育的精髓用故事的形式表达出来，其根本在于整合最具代表性的故事文本，用通俗、生动的语言形态，通过现代化的表达方式强化传统体育文化的影响力和扩大体育文化的覆盖面，进而达到通过"讲传统体育故事"提升传统体育文化国际影响力和我国传统体育国际形象的目的。具体而言，讲好中国传统体育故事应该做到以下三个层面。

1.凝练最具代表性的传统体育故事

我国传统体育文化根植于传统文化，具有强烈的民族信仰礼法、道德人伦、内外兼修、天人合一、修身养性的价值体现。目前我国传统体育中最具代表性和国际影响力的当属武术、太极拳、龙狮、龙舟、气功以及体育养生方法等，因此我国传统体育文化故事应该主要围绕这些运动项目进行挖掘并构建这些项目的故事体系。

2.采取多样性的讲述方式

"故事模式"被强力唤醒并非偶然，是对互联网时代从"信息匮乏"到"信息爆炸"的客观反映，因此故事讲述者应该利用"人人皆媒体，事事可直播"的大环境，通过可视化、立体化的传播方式全方位讲好传统体育文化故事。

3.注重故事的感染力

"讲故事"是伴随人类信息传播的实践而产生的，并非一种新事物，却是一种传播方式的创新，因为它与"信息传播"的"硬"要求、严肃性不同，主要倡导"软"传递，讲究亲和性和感染力，因此利用"故事模式"可以有效避免当前信息溢满状态下信息传递的短时性和碎片化。

（二）讲好中国传统体育文化故事的意义

1.新时期体育强国建设中文化提升的需要

体育强国建设是多种因素相互作用的结果，其中体育文化"强"是体育强国的核心指标之一。传统体育文化是我国体育区别于世界体育的文化根本，将其传播出去并被世界接受，才能真正实现体育强国的战略构想。北京奥运会很好地展示了中国传统文化，但是奥运会后之后针对传统体育文化的传播、传承、申遗等机制并没有得到巩固。2020年冬奥会和杭州亚运会带来了新的传播契机，传统体育文化需凝练出最具代表性的文化体系，并深挖其内涵，同时创新多种传播方式，并通过讲故事的形式提升其文化品位，展现其文化意蕴，拓展其传播时间和空间。

2. 新时期体育外交形象塑造的战略抉择

体育外交在我国历来有之，并取得了丰硕的成果。文化认同是外交形象塑造的关键所在。纵观我国体育外交，传统体育文化一直被国际社会认为是"他者文化"，中国体育的外交形象也一直浮于表面。根本原因在于两个方面，首先，我国体育外交中没有处理好"现代运动项目"与"现代体育文化""传统体育项目"与"传统体育文化"的辩证关系，常常陷入"修昔底德陷阱"。其次，我国目前的体育文化传播作品例如纪录片、影视作品等一直停留于传统思维，创新不足。"讲故事"已经成为一种重要的文化传播媒介，它不再以强制性、灌输式的方式传播，而是将自身的文化理念潜藏于故事中，逐渐影响听众的价值取向。

3. 新时期增强传统体育文化自信的重要手段

讲好中国故事源于新时代对增强国际话语权和提升文化自信的总要求。因此，传统体育文化要从小处着手，敢于讲中国人自己的故事，建立传统体育文化的话语体系，挣脱西方思维的禁锢，审视自身传统，反思自身缺失，通过经典的小故事彰显中国传统体育文化的大内涵，不断提升自信水平。

（三）"讲好中国故事"视域下传统体育文化国际传播的挑战

1. 如何在强势国家地位、弱势文化地位的矛盾中与世界沟通

在体育领域我国正在实现从体育大国向体育强国的转变，中国竞技体育取得了举世瞩目的成就，但与之不相匹配的是我国体育话语权的羸弱以及传统体育文化传播的国际缺失。传统体育文化主要的传播媒介之一是"语言"，汉语虽然在使用人数上占据优势，但是在全球话语体系中处于弱势，汉语博大精深、寓意广泛，外国人难以掌握，所以经常产生歧义和误解。这也造成了中国传统体育文化传播的困难。

2. 如何在跨文化传播能力较弱的情况下传播中国传统体育文化

中国传统体育文化的独特性是其传播的先天优势，由于传播的专业性不足，传播内容缺乏感染力，传播话语体系与表达不当导致国外对于我国传统体育文化的认识停留在好奇层面，缺乏深层次的认知、理解乃至认同。

首先，中国传统体育文化的独特性决定了传播的复杂性。例如以中国太极拳为代表的体育养生文化讲究形神兼备、内外兼修，追求"天人合一"的境界，主张将"人""自然""社会"融为一体。但是当太极拳遇上奥林匹克就会产生截然相反的两种价值理念，可以说是对另一种体育价值观的"颠覆"，如何让国外受众接受"太极拳"，成为跨文化传播的巨大障碍。

其次，传播内容缺乏感染力。国外对于中国传统体育文化的认知多半是通过影视作品形成的，影响较为广泛的为李小龙、李连杰、成龙等人主演的功夫片。但是在国外练习武

术的外国人并不多，据有关课题组调查，5 个国家的 16 所孔子学院的学生普遍认为中国武术非常神秘，尤其是黎巴嫩学生，虽然认知度较高，但是接触率较低。

最后，体育文化传播的话语体系缺失。一方面，文化阵地的功能单一，例如，孔子学院是我国文化输出的重要阵地和主要媒介之一，但是孔子学院的重心仍然放在语言推广上，针对传统体育文化的传播极为贫乏，如何整合优势资源提升孔子学院的战略定位，促使其转变为对外的传统体育文化传播基地，是构筑文化话语体系的重要步骤。另一方面，中国传统体育文化的软实力较弱，特别是没有形成系统的能够代表中国传统体育文化的作品群。

3. 如何在既扁平化又"再中心化"的互联网世界争取传播空间

在 20 世纪电视成为主要的信息传递媒介之时，尼尔·波兹曼在他的著作《娱乐至死》中提出，信息传递的数量和质量的急剧增加，促使人们的意识趋向碎片化和扁平化。随着21 世纪互联网技术的高速发展，各种智能设备的普遍应用，这种扁平趋势更加显著。"再中心化"实质是占据互联网传播霸权地位的国家对信息传递的控制。

在体育文化传播领域，我国传统体育文化传播需要面对扁平化的问题。一方面，如何增强我国传统体育文化对外传播的效率。例如，如何解决《武林大会》《中华龙舟大赛》《舞龙舞狮大赛》等能够代表我国传统体育的直播赛事在国内收视率不高、在国外收视率基本可以忽略不计的问题。另一方面，如何搭建传统体育文化对外传播的平台问题。目前我国还没有能够为传统体育文化国外传播提供技术支持的互联网企业，包括 CCTV 国际频道也基本没有专门介绍我国传统体育文化的版块。近几年开拓海外市场的搏击类节目《昆仑决》《武林风》也基本以现代体育元素为主，除了部分拳手出场时偶尔设计一个中国武术表演环节，其他传统体育文化的成分基本没有出现。

（四）"讲好中国故事"视域下传统体育文化国际传播

1. 注重中国传统体育与中国现代体育的平衡

讲中国传统体育故事必须要讲最能够体现中国传统体育文化精髓的故事。根据新时代的精神，中国传统体育故事需要讲两方面的内容。首先，要讲清楚中国传统体育文化深厚的历史传统和文化积淀，讲清楚中国武术的派别，各个派别产生的渊源，各个武术招式的演变历程，以及背后所承载的武德精髓。例如华佗的五禽戏，可将其治病救人、强身健体、延年益寿的功效以故事的形式呈现给受众；又如太极拳，可借鉴"陈家沟"的故事背景，讲述太极拳的养生与实战，化解外界对太极拳的误解。其次，要讲清楚中国现代体育所取得的成就，尤其要讲清楚现代体育所取得的成就与传统体育文化之间的关系。也就是说，中国现代体育所取得的成就与中国传统体育文化的精神支撑是分不开的。中国传统体育文化从来都不缺乏"仁义廉耻""国家大义""顽强拼搏""勇于献身"等高尚品质。例如，在我们国家很多地方性的"祭祀"舞蹈，如《大武》《嘉绒祭祀舞》《云门》《弓矢舞》等都是在军队出征或者狩猎活动之前为提升士气所创。在国际赛场上一些中国传统的养生元素频繁出现，例如 NBA 球星经常进行中医针灸以缓解肌肉疼痛，2018 年奥运会期间菲尔普斯经常使用中医拔罐来放松肌肉。传统体育文化中所蕴含的高尚品质以及养生功效成为现代运动员国际赛场上的精神动力，如果一味宣扬现代体育而摒弃传统体育，那么中国迈向体育强国之路将更加艰难。

2. 注重中国传统体育文化传播主体与受众客体的平衡

"讲好中国传统体育故事"可以分为两个方面，一方面是不同体育文化之间的交流，另一方面是体育文化的单向传播。体育文化之间的交流是双向的，是交互式的，互相取长补短，以达到相互融合为主要目的；体育文化传播主要受到传播对象对"中国传统体育故事"的掌握程度，传播的方式、方法以及受众的接受程度等因素影响。很显然，"讲好中国传统体育故事"是一种文化传播行为，基本路径是以中国传统体育文化为出发点，以世界体育大家庭为落脚点。

首先，"讲好中国传统体育故事"要讲最具代表性的故事，最能够体现中国体育特色，最具吸引力和最具影响力的故事。例如"君子无所争，必也射乎"中的射箭、早在战国时期民间就流行的娱乐性足球游戏——蹴鞠、古代士大夫宴饮时做的投掷游戏——投壶、"孔子翘关"与"秦王扛鼎"中拔山盖世地举重、可追溯到上古时代的角抵对决——摔跤，甚至可将一些神话故事融入其中，例如"后羿射日"的射箭运动、"夸父追日"的田径运动等。

其次，"讲好中国传统体育故事"要尽量考虑受众对象的特点和接受能力。世界是多元化的，不同国度、不同民族都有自己独特的体育文化，他们对外来文化的接受力和接受方式也不同。一方面，国人要克制自身的民族情绪，不能盲目地将自己的体育文化凌驾于他国之上。中国传统体育有着深厚的民族积淀和浓重的艺术色彩，例如戏曲表演所展现出来的武术动作，舞龙舞狮中的龙狮造型等完全可以采取"艺术性"的形式进行传播。另一方面，要保持民族体育特色的独立性。保持自身特色是传统体育得以存活的根基，是能够进行传播的基础。

最后，体育文化的传播要考虑受众的语言习惯和思维惯性，例如武术动作中的"马步"，在国外传播过程中被翻译为"The Horse Step"，受众根本无法将两者联系起来，这就增加了传播的难度。有学者指出要学会用世界的语言讲好中国故事。因此，传统体育文化传播需要根据国际状况，在尊重他国传统的基础上，使中国体育价值观通过"国际方式"表达出来才可能被世界接受。

3. 注重中国传统体育故事的多样性与主流性的平衡

中国传统体育文化是各民族哲学生命、价值理念、情感意志、行为方式的集中体现，它必然具有多样性和广泛性。因此，"讲好中国传统体育故事"必然要注意主流性，抓住主流方向，抓住故事重点，做到多样性和主流性的统一。

改革开放以来，我国竞技体育取得了巨大成就，但与之相反的是我国传统体育的主流意识和核心价值观缺失，甚至导致宝贵体育资源流失。对此，有学者指出，近年来中国文化的对外输出不可谓不热闹，但是效果并不好，根本原因在于传播的产品中能够生根、产生持续影响力的东西不多。

首先，通过武术传递中国武术"武因文存，文以武显"的文化实质，通过武术表演表达出中国兼容并蓄、和谐发展的精神内涵。

其次，通过古代"射箭""摔跤""击剑""象棋"等体育形式表达"和而不同、强而不霸"的战略定位，向世界宣传中国"和平与发展"的立场。目前中国正在大力展开"一带一路"倡议，这不仅是经济战略，也是文化战略，是中国传统体育文化"走出去"的重大契机。马来西亚交通部长曾经在接受中新社采访时强调，"一带一路"建设的决胜点在于"民心相通"。"民心相通"的关键应该是建立起共同的"价值观"，这应该是中国民族传统体育文化在对外传播中能够生根发芽并产生持续影响力的关键因素之一。

4.注重中国传统体育故事的传播效率与质量的平衡

在考虑传播效率和传播质量方面，需要做到以下四点：

第一，把握形势，因地制宜，根据国际形势、舆论，讲好中国传统体育故事，要讲最能够符合世界主流思想的中国故事。

第二，注重效果、循循善诱，要让国外通过了解中国传统体育文化进而了解现在的中国。

第三，创新表达方式，学会"中国故事，国际表达"。

第四，必须强化我国体育现代媒介建设，拓宽传播途径。新媒介是文化传播的基本保障，中国传统体育没有现代化媒介的支撑，是无论如何也传播不出去的。因此，国家应该出台相关政策鼓励支持各种媒介相互配合，形成合力，为中国传统体育走出国门打开通道。

第七章 总结与展望

第一节 总结

在本研究中，我们深入探讨了传统体育文化的内涵、特点、属性、传承发展现状以及保护与传承对策等内容，并通过实证研究分析了传统体育文化的实际情况。本研究的主要结论如下：

首先，传统体育文化是具有丰富内涵和独特特点的文化形态，具有多层次的文化属性，包括物质、制度、精神等方面。传统体育文化具有明显的民族性和地域性，是民族文化的重要组成部分，同时也具有时代性和主动性等特点。

其次，传统体育文化的传承和发展现状存在诸多问题，如传承方式单一、传承人才不足、创新发展缺乏动力等，需要加强保护措施和推动创新发展。同时，传统体育文化的现代转化和国际化也是当前发展的重要方向之一。

最后，本研究提出了多项保护与传承对策，包括完善传统体育文化保障措施、扩展传统体育文化交互研究广域、加强传统体育文化与国际体育文化交流等。这些对策可以有力地促进传统体育文化的保护、传承和创新发展。

总之，传统体育文化的传承发展与实证研究是一项重要工作，具有广泛的社会意义和深远的历史意义。我们希望通过本研究提出的理论和实践措施，能够更好地推动传统体育文化的传承、创新发展和国际化，促进传统文化的繁荣和发展。

第二节 展望

展望未来，传统体育文化的传承发展仍然面临多重挑战和机遇。一方面，随着社会经济的不断发展和文化多元化的趋势，传统体育文化的传承和发展受到了一定程度的冲击。

另一方面，传统体育文化在国际体育舞台上发挥的价值也逐渐受到了认可。因此，我们需要在保护传统体育文化的同时，更加注重传统体育文化的创新发展和国际传播。

首先，我们需要深入挖掘传统体育文化的内涵和特点，拓展传统体育文化的传承方式和创新发展的空间。特别是在现代科技和文化交流的背景下，通过数字化、网络化、智能化等手段，探索更加多样化和符合时代要求的传承方式和发展路径，以适应当下社会的需要和文化的多元化。

其次，我们应该注重传统体育文化的国际传播和交流。随着全球化的加速，国际体育交流和合作已经成为一个越来越重要的领域。传统体育文化也应该在这个过程中发挥更加积极的作用。我们可以通过国际体育赛事、文化交流、学术研究等多种途径，将传统体育文化推向国际舞台，让更多的人了解、认识和喜爱传统体育文化。

最后，我们需要加强传统体育文化的保护与传承意识。传统体育文化的传承和发展需要全社会的共同参与和努力。政府、学界、社会各界等应该积极参与到传统体育文化的保护和传承工作中，共同推动传统体育文化的繁荣和发展。

参考文献

[1] 孙浩. 民族传统体育文化的变迁、传承与发展 [J]. 运动, 2017 (14): 145-146.

[2] 侯海燕, 张健. 文化自信视角下民族传统体育的发展 [J]. 南京体育学院学报, 2018 (1): 77-80.

[3] 郝嗣伟. 新时代民族传统体育传承与发展的文化学思考 [J]. 贵州体育科技, 2018, 132 (3): 8-10.

[4] 刘同舫. 构建人类命运共同体对历史唯物主义的原创性贡献 [J]. 中国社会科学, 2018 (7): 4-21, 204.

[5] 金民卿. 当代中国文化自信的具体总体性 [J]. 中原文化研究, 2021, 9 (1): 5-12.

[6] 李丹. 孔子学院海外办学的溢出效应分析 [J]. 海外华文教育, 2020 (4): 65-75.

[7] 韩玉姬, 王洪珅, 宋秀平. 民族传统体育文化的传承机制综论 [J]. 北京体育大学学报, 2022, 45 (2): 132-144.

[8] 王静, 郝建峰. 传播学视域下民族传统体育文化传承发展的困境与疏解 [J]. 广州体育学院学报, 2018, 38 (6): 94-97.

[9] 王洪珅, 韩玉姬, 韦晓康, 等. 民族传统体育文化生态发展中的问题及纾困路径 [J]. 北京体育大学学报, 2020, 43 (10): 145-156.

[10] 王广虎, 冉学东. 论中华民族伟大复兴中的民族传统体育发展 [J]. 北京体育大学学报, 2018, 41 (12): 1-12, 18.

[11] 张智. 东盟龙狮运动发展的伦理规范建构研究 [J]. 沈阳体育学院学报, 2021, 40 (2): 139-144.

[12] 韩衍金. 中华民族传统体育文化 "走出去" 的核心要素与策略 [J]. 体育文化导刊, 2020 (3): 67-72.

[13] 欧阳雪梅. 抓住机遇乘势而上推进社会主义文化强国建设 [N]. 双鸭山日报, 2021-01-29 (3).

[14] 相金星, 王进国, 郭振华. "境遇" 抑或 "反思": 民族传统体育文化现代传承与发展 [J]. 沈阳体育学院学报, 2021, 40 (5): 130-137.

[15] 王洪珅, 韩玉姬, 梁勤超. 少数民族传统体育文化发展的生境困境与消弭路径 [J]. 体

育科学，2019，39（7）：33-44.

[16] 尤权．做好新时代党的民族工作的科学指引：学习贯彻习近平总书记在中央民族工作会议上的重要讲话精神[J]．中国民族，2021（11）：48-53.

[17] 邢丽菊．韩国文化"走出去"的制度机制研究[J]．人民论坛，2021（23）：90-94.

[18] 程文广，王宁宁．体育特色小镇建设对居民亲环境行为的影响：地方认同、自然共情多重中介效应[J]．北京体育大学学报，2021，44（5）：79-89.

[19] 蔡兴林，李佩明．新时代中华民族传统体育文化传承理论与创新路径研究[J]．北京体育大学学报，2020，43（5）：23-29.

[20] 郑花，杨涛．"一带一路"文化交流背景下中国－东盟跨境体育赛事发展现状与策略研究[J]．北京体育大学学报，2021，44（3）：82-95.

[21] 张颐武．全国政协委员、文化学者张颐武：文化"走出去"要注重实效[J]．中国广播影视，2018（7）：56-57.

[22] 崔乐泉，林春．基于"文化自信"论中华传统体育文化的传承与发展[J]．北京体育大学学报，2018，8（41）：1-8.

[23] 白宇．中共中央印发法治中国建设规划（2020—2025年）[N]．人民日报，2021-01-11（1）.

[24] 雷磊．法理学[M]．北京：中国政法大学出版社，2019：28.

[25] 王静，郝建峰．传播学视域下民族传统体育文化传承发展的困境与疏解[J]．广州体育学院学报，2018，6（8）：94-97.

[26] 杨学成．传统体育文化在现代城市社区的传承路径研究[J]．云南行政学院学报，2020（1）：152-156.

[27] 王婷婷，耿文姗，乔寿洁．第十一届全国少数民族传统体育运动会的时代价值探析[J]．体育世界（学术版），2020（2）：81.

[28] 王洪珅，韩玉姬，梁勤超．少数民族传统体育文化发展的生境困境与消弭路径[J]．体育科学，2019，7（39）：33-43.

[29] 中国政法大学法治政府研究院．中国法治政府发展报告（2017）[M]．北京：社会科学文献出版社，2018：265.

[30] 胡剑．清代民间的家规与族规[J]．四川档案，2017（6）：57-58.

[31] 杨金东．论云南少数民族宗教文化的现代传承[J]．世界宗教文化，2017（3）：141-144.

[32] 张文鹏，郭澜，曾婷婷，等．新时代中华民族传统体育的机遇、挑战及政策建议[J]．武汉体育学院学报，2020，54（7）：56-62.

[33] 王智慧．社会变迁下的民族传统体育文化记忆与传承研究：沧州武术文化的变迁与启示[J]．中国体育科技，2015，51（1）：81-95，145.

[34] 赵雪．融媒体时代的新闻语体[J]．当代修辞学，2019（5）：15-25.

[35] 吴艳红，贺鑫森．民族国家建设中民族传统体育发展的原则体系构建[J]．体育学研究，

2020，34（5）：67-75.

[36] 王洪珅，韩玉姬，韦晓康，等.民族传统体育文化生态发展中的问题及纾困路径 [J].北京体育大学学报，2020，43（10）：145-156.

[37] 朱金春.制度供给与边疆治理现代化：价值取向、问题症结与路径探索 [J].内蒙古社会科学，2020，41（5）：29-36.

[38] 姜同仁，张林，王松，等.中国体育产业演进的内在逻辑、政策趋向和高质量发展路径 [J].天津体育学院学报，2020，35（6）：658-665.

[39] 张德胜，张钢花，李峰.体育外交在我国强国建设中的作用及实践路径 [J].上海体育学院学报，2018，42（1）：27-32.

[40] 张强，孙庆彬.新发展理念：中华民族传统体育文化的出路 [J].沈阳体育学院学报，2018，37（4）：133-138.

[41] 孙鹤芳.传统"和合"观的当代阐释与发展 [J].人民论坛·学术前沿，2020（10）：120-123.

[42] 程建明."文化走出去"的三个致力之点 [J].理论探索，2012（6）：14-16.

[43] 杨越明，藤依舒.十国民众对中国文化符号的认知与偏好研究：《外国人对中国文化认知与意愿》年度大型跨国调查系列报告之一 [J].对外传播，2017（4）：36-38.

[44] 胡昌领，王岗.龙狮文化沿"一带一路"传播研究 [J].体育文化导刊，2020（2）：11-15.

[45] 王永建，吴建平.新时代民族传统体育的传播与文化交流研究 [J].贵州民族研究，2019，40（5）：145-148.

[46] 魏宏君.促进对外文化交流应坚持"三个必须" [J].人民论坛，2019（26）：134-135.

[47] 胡春艳.中原文化海外传播需多方力量共同参与 [J].人民论坛，2019（13）：134-135.

[48] 张海利，刘晓海，张海军.论体育是中国文化对外交流的重要载体 [J].体育文化导刊，2018（10）：11-14.

[49] 黄涛，王涛."互联网 +"让文化交流更通畅 [J].人民论坛，2019（6）：138-139.

[50] 白蓝."一带一路"背景下中国体育文化对外交流研究 [J].体育学刊，2020，27（2）：32-36.

[51] 王华.文化自信视域下民族传统体育文化传承与发展 [J].湖北开放职业学院学报，2022，35（4）：113-115.

[52] 张红学，贺一凡，刘珂珂.文化自信背景下民族传统体育文化传播困境及对策 [J].体育文化导刊，2021（8）：60-66.

[53] 黄振鹏，陈应表.文化自信视角下民族传统体育文化全球化传播探析 [J].体育文化导刊，2021（7）：67-71，90.

[54] 邓彪. 新时代民族传统体育文化焦虑研究 [D]. 武汉：武汉体育学院，2021.

[55] 王洪珅，韩玉姬，韦晓康，等. 民族传统体育文化生态发展中的问题及纾困路径 [J]. 北京体育大学学报，2020，43（10）：145-156.

[56] 荆雯，赵洁，李洋. 论民族传统体育文化的发展 [J]. 体育成人教育学刊，2020，36（4）：91-94.

[57] 王楠. 民族传统体育文化主体失位的思考 [J]. 体育风尚，2020（9）：99-100.

[58] 孙青. 文化自信背景下民族传统体育传承创新研究 [J]. 冰雪体育创新研究，2020（9）：108-109.

[59] 周若夫，张怀雨，张冬琴，等. "一带一路"背景下民族传统体育传播与体育文化自信研究 [J]. 中华武术（研究），2019，8（8）：82-85.

[60] 刘次琴，陆宇榕. 文化自信主题下民族传统体育文化传承发展研究 [J]. 广州体育学院学报，2018，38（1）：42-46.